Anselm Grün, Hsin-Ju Wu

Warum immer ich?

Anselm Grün
Hsin-Ju Wu

Warum immer ich?

Beziehungsmuster erkennen und aufbrechen

VIER TÜRME

Bibliografische Information der Deutschen Nationalbibliothek
Die Deutsche Nationalbibliothek verzeichnet diese Publikation in der Deutschen Nationalbibliografie. Detaillierte bibliografische Daten sind im Internet über http://dnb.d-nb.de abrufbar.

3. Auflage 2025
© Vier-Türme GmbH, Verlag, Münsterschwarzach 2022
Alle Rechte vorbehalten

Lektorat: Marlene Fritsch
Satz: Matthias E. Gahr
Umschlaggestaltung: wunderlichundweigand
Umschlagmotiv: Cienpies Design / shutterstock.com
Druck und Bindung: Pustet, Regensburg
ISBN 978-3-7365-0420-2

www.vier-tuerme-verlag.de

Inhalt

Vorwort

In der Begleitung vieler Menschen und in Gesprächen mit Kursteilnehmerinnen und Kursteilnehmern haben wir, Frau Hsin-Ju Wu und Pater Anselm Grün, immer wieder von Mechanismen gehört, die die Beziehung in der Partnerschaft, der Familie, im Freundeskreis, am Arbeitsplatz und in kirchlichen Gemeinden stören und verdunkeln. Oft sind sich die Betroffenen dieser Mechanismen nicht bewusst. Sie spüren nur die Beziehungsstörung und erleben schmerzlich die Verletzungen, die durch solche Mechanismen entstehen. Aber sie wissen nicht, wie sie sich von deren zerstörerischer Kraft befreien können.

Christen appellieren in solchen Situationen oft an den guten Willen. Sie meinen, mit gutem Willen und mit Gebet könne man diese Probleme lösen. Doch durch Moralisieren oder Wegbeten kann ich die Mechanismen nicht auflösen, die mich immer wieder in neue Schwierigkeiten bringen und mich verletzen. Andere suchen in der Psychotherapie einen hilfreichen Weg. Sie lesen Bücher zum Thema und finden darin psychologische Theorien, die ihnen erklären, was in ihnen abläuft. Aber die Theorie ist oft kompliziert und hilft nicht immer weiter. Wir schätzen die psychologischen Einsichten und kennen auch die Fachliteratur dazu. Aber wir möchten das, was wir gelesen und in Gesprächen mit Menschen erfahren haben, in einfachen Worten wiedergeben beziehungsweise auf dem Hintergrund psychologischer Einsichten das Leben so beschreiben, wie es ist. Dabei haben wir bewusst in der christlichen Tradition nach Wegen gesucht, wie man mit den beziehungsstörenden Mechanismen umgehen kann. Für uns ist die Bibel eine Quelle psychologischer Einsichten. Aber es braucht eben auch eine psychologische Brille, um die Weisheit der Bibel für uns heute neu zu entdecken. Erst dann kann man erkennen, dass in biblischen Geschichten und Worten oft Lösungswege aufgezeigt werden, die uns helfen können, uns von den Mechanismen zu befreien und die Verletzungen zu heilen, die durch sie verursacht wurden.

So möchten wir in diesem Buch sechs verschiedene Mechanismen oder Muster darstellen, die unsere Beziehungen stören. Wir verstehen unser Buch als Einladung, sich selbst nach diesen Mechanismen zu befragen. Auf keinen Fall sollten die Einsichten dieses Buches dazu dienen, andere anzuklagen. Natürlich sagen die Mechanismen, die wir beschreiben, auch etwas über andere aus. Wir können dann besser verstehen, was in unserem Gegenüber abläuft und warum unsere Beziehung zu ihm so schwierig ist. Aber wir sollten auf keinen Fall werten und das Gelesene dazu missbrauchen, dem anderen zu sagen: Du projizierst jetzt deine Probleme auf mich, du hast mich emotional missbraucht. In erster Linie geht es darum, sich selbst besser kennenzulernen und sich von Mechanismen zu befreien, die unser Miteinander behindern. Die Darlegungen sollen wie ein Spiegel sein, in dem wir uns selbst wahrnehmen. Aber auch dabei geht es nicht um Bewerten, sondern um Verstehen. Nur wenn wir verstehen, welche Mechanismen in uns wirken, können wir uns davon befreien.

Im vorliegenden Buch werden auch psychologische Einsichten berücksichtigt. Doch wir möchten sie möglichst konkret an vielen Beispielen erläutern, die wir in unseren Gesprächen erlebt und erfahren haben und die diese Einsichten verständlich werden lassen. Zudem werden wir Lösungswege beschreiben. Dabei geht es uns vor allem um biblische Lösungswege, die oft mit den Lösungen aus psychologischer Sicht übereinstimmen, aber manchmal auch weiterführen. Es gibt also keinen Gegensatz zwischen Spiritualität und Psychologie, aber es braucht eine Spiritualität, die keine Angst hat vor den Erkenntnissen der Psychologie, die sich vielmehr deren Einsichten öffnet, ohne dass sie ihre eigene Identität aufgibt. In der christlichen Spiritualität steckt viel psychologische Weisheit. Sie ist immer auch eine heilende Spiritualität. Jesus ist gekommen, die Menschen zu heilen und sie aus den Verwicklungen zu befreien, die durch lebenshindernde Mechanismen entstehen.

Wir wollen die Beschreibung jedes Mechanismus mit vier Fragen abschließen, die wir uns selbst stellen können.

Zudem versuchen wir, auf diese Antworten zu geben. Das kann uns helfen, die Lösung für das jeweilige Muster konkret in unser Leben zu übersetzen. Diese Fragen zeigen uns die Schritte an, wie wir die Mechanismen, die unsere Beziehungen trüben und manchmal auch zerstören, überwinden können.

1. Schuldgefühle

Schuldgefühle sind ein großes Thema bei vielen Menschen. Dabei muss man unterscheiden zwischen den Schuldgefühlen, die in uns auftauchen, weil wir wirklich schuldig geworden sind, also zum Beispiel einem Menschen bewusst geschadet und ihn verletzt haben, und Schuldgefühlen, die wir spüren, die aber keine reale Schuld anzeigen. Bei dieser letzten Art von Schuldgefühlen können wir uns fragen: Woher kommen diese Gefühle? Sind es die Normen und Vorstellungen unserer Eltern, die wir übernommen haben und gegen die wir unbewusst verstoßen? Oder sind es Gefühle, die vielleicht auf eine seelische Krankheit hinweisen, etwa auf eine Depression?

Wie entstehen Schuldgefühle?

In der Psychologie sagt man: Schuldgefühle tauchen auf, wenn wir ein Gebot oder eine Regel, die in der Gesellschaft oder in der Familie gilt, übertreten. Die Regeln, die in der Familie gelten, haben mit wirklicher Schuld nichts zu tun. Dennoch werden diese von uns schon als Kind verinnerlicht. Sie bilden dann später das sogenannte Über-

Ich, das uns klare Regeln vorgibt. Viele Schuldgefühle werden von diesem Über-Ich erzeugt. Eine junge Mutter fühlt sich beispielsweise schuldig, wenn sie sich einmal ausruht. Denn das Über-Ich verlangt von ihr, dass sie rund um die Uhr nur für das Kind da ist und sich nicht um sich selbst kümmern darf. Andere fühlen sich schuldig, weil sie die Erwartungen ihrer Familie, ihrer Kollegen und Arbeitgeber, ihrer Freunde nicht erfüllen können. Drei Beispiele sollen das verdeutlichen: Eine Frau ist auf dem Bauernhof aufgewachsen. Immer, wenn sie als Kind spielen wollte, sagte die Mutter zu ihr: »Es gibt Wichtigeres zu tun. Putz mal die Küche oder geh in den Stall und hilf dem Vater.« Die Frau hat heute Schuldgefühle, sobald sie sich Zeit gönnt, die Zeitung zu lesen oder einfach einmal nichts zu tun. Hier geht es nicht um wirkliche Schuld, sondern darum, dass ihr Über-Ich ihr heute noch sagt, dass sie sich nicht ausruhen darf. Obwohl sie vom Verstand her weiß, dass es sinnvoll ist, eine Pause zu machen, tauchen in ihr Schuldgefühle auf, wenn sie sich wirklich eine solche gönnt.

Ein anderes Beispiel: Eine Frau hat ihrer Mutter vor Zeiten versprochen, dass sie sie in der Krankheit begleiten und sie nicht in ein Pflegeheim geben wird. Doch dann brach sie zusammen und wurde krank. Die Ärzte und ihre Geschwister sagten ihr, sie könne so nicht weitermachen, sonst sterbe sie noch vor der Mutter. Auf Druck der Geschwister willigte sie also ein, die Mutter doch in ein Pflegeheim zu geben. Dort besucht sie sie jeden Tag. Aber sie

kann nachts nicht schlafen, weil sie Schuldgefühle hat:
»Ich habe es doch der Mutter versprochen und das Versprechen nicht gehalten«, wirft sie sich selbst vor. Objektiv hat die Frau richtig gehandelt. Aber ihre Schuldgefühle lassen sie nicht zur Ruhe kommen. Diese haben ihren Grund in ihren eigenen inneren Gesetzen. Zu diesen gehört der Satz: Wenn ich etwas versprochen habe, muss ich es halten, ganz gleich, welche Umstände eintreten und das Versprechen unmöglich machen. Ihre Schuldgefühle waren also keine Antwort auf eine reale Schuld, sondern nur auf die inneren Gesetze, die sie sich selbst gegeben oder die sie von ihren Eltern übernommen hat.

Ein drittes Beispiel: Eine Frau versprach ihrer Mutter, dass sie in der Stunde des Todes bei ihr sein wird. Doch als sie nur kurz zum Einkaufen unterwegs war, starb die Mutter. Ein Jahr lang machte sich die Frau Vorwürfe, warum sie es nicht gemerkt hatte, dass der Tod der Mutter bevorsteht. Ihr Mann erlebte sich hilflos gegenüber den ständigen Selbstbeschuldigungen. Auch hier haben die Schuldgefühle ihren Grund im Übertreten der eigenen inneren Regel: Ich muss mein Versprechen halten. Doch es wird noch etwas anderes sichtbar: Schuldgefühle sind zwar unangenehm, aber offensichtlich hatte die Frau lieber Schuldgefühle, als dass sie sich ihrer Trauer stellte und wirklich akzeptierte, dass die Mutter gestorben ist und dass sie sie loslassen muss. Manchmal fliehen wir lieber in die Schuldgefühle, um anderen unangenehmen Gefühlen zu entgehen, wie zum Beispiel dem Gefühl der Trauer.

Es gibt noch andere unangenehme Gefühle, denen wir lieber in Schuldgefühle ausweichen: Hilflosigkeit und Schmerz. Ein Beispiel: Ein kleines Kind stirbt den sogenannten Sekundentod, den die Ärzte bis heute nicht erklären können. Statt sich dem Schmerz zu stellen, grübeln die Eltern darüber nach, was sie hätten tun können, um den Tod zu verhindern. Und so sucht man die Schuld bei sich: »Ich hätte früher nach dem Kind schauen sollen« – »Ich hätte das Fenster offen lassen sollen, dann wäre es nicht passiert«. Oder man sucht die Schuld bei anderen, beispielsweise beim Arzt, der nicht davor gewarnt hat. In diesen Fällen flieht man lieber in die Schuldgefühle, als die eigene Ohnmacht und Hilflosigkeit und den Trauerschmerz wahrzunehmen.

Schuldgefühle und Schuldeinsicht

Wir unterscheiden zwischen Schuldgefühlen und Schuldeinsicht. Schuldgefühle schwächen uns. Das schlechte Gewissen, das ein Zeichen für Schuldgefühle ist, lähmt uns und raubt uns die Kraft. Die Schuldeinsicht ist dagegen wichtig für den Menschen. Viktor Frankl, der Begründer der Logotherapie und Existenzanalyse, war der Ansicht, dass sie zur Würde des Menschen gehört. Ähnlich äußert sich der Münchner Psychiater Albert Görres. Er schreibt: »Wenn der Mensch die Möglichkeit, Schuldiger zu sein, nicht mehr wahrnimmt, dann nimmt er seine wesentliche Existenztiefe, das Eigentliche und ihn Auszeichnende, seine Freiheit und Verantwortung nicht mehr wahr« (Görres, Das Böse, 77). Die Schuldeinsicht lähmt uns nicht, sondern fordert uns heraus, unser Leben zu ändern. Der Schweizer Psychiater und Begründer der analytischen Psychologie, Carl Gustav Jung, spricht nicht von Schuldeinsicht, sondern vom Bewusstsein der Schuld. Aber er meint damit letztlich das Gleiche: »Das Bewusstsein der Schuld kann zum gewaltigsten moralischen Antrieb werden ... Ohne Schuld gibt es leider keine seelische Reifung und keine Erweiterung des geistigen Horizontes« (Jung, Nach der Katastrophe, 87).

Damit der Mensch seine Schuld einsehen kann, braucht er die Erfahrung, dass er bedingungslos angenommen ist, dass ihn die Schuld nicht von seiner menschlichen Würde und auch nicht von Gott trennt. Gott nimmt ihn bedingungslos an. Er braucht aber auch Menschen, die ihn ansehen, damit er die Schuld einsehen kann. Ohne Ansehen kein Einsehen. Daher geht es in der therapeutischen und geistlichen Begleitung immer darum, den Menschen nicht zu bewerten und vor seiner Schuld nicht zu erschrecken, sondern ihn bedingungslos anzunehmen. Der Glaube an das bedingungslose Wohlwollen Gottes uns gegenüber, unabhängig von unserem Verhalten, kann uns auch helfen, unsere Schuld einzusehen.

Anderen Schuldgefühle vermitteln

Neben den Schuldgefühlen aufgrund einer realen oder gefühlten Schuld gibt es auch Schuldgefühle, die andere uns einreden. Es ist eine Methode der Machtausübung, dem anderen Schuldgefühle zu vermitteln oder ihm ein schlechtes Gewissen einzureden. Dieses Machtspiel kennen viele Eltern: Wenn Kinder eine Bitte verweigern und sich gegenüber den übertriebenen Erwartungen der Eltern abgrenzen, sind solche eingeredeten Schuldgefühle häufig die Antwort darauf. Sie sagen beispielsweise: »Wir haben doch so viel für euch getan. Jetzt habt ihr gar keine Zeit für uns.« Die Kinder können sich dann kaum gegen die Schuldgefühle wehren. Manche Führungskräfte verwenden diese Machtmethode ebenfalls, indem sie Mitarbeitern Vorwürfe machen oder vorwurfsvoll sprechen.

Im christlichen Bereich hat man ebenso oft mit Schuldgefühlen gearbeitet. Da redeten Priester oder Pastoren den Gläubigen ein, dass sie schlimme Sünder sind, dass sie Gottes Gebote nicht gehalten haben. Die Kirchen haben in der Vergangenheit zu viel über die Sünde gesprochen und diese in den Mittelpunkt ihrer Verkündigung gestellt. Sie stellten moralische Forderungen auf, die die Gläubigen überforderten und ihnen ein schlechtes Gewissen vermittelten. Auch hier war diese Methode ein Instrument der Macht. Zunächst einmal im moralischen Sinn: Weil die Menschen Sünder sind, sollen sie in die Kirche gehen, dort kann ein Priester als Stellvertreter Gottes sie von ihren Sünden befreien. Im Mittelalter hat die Kirche mit diesem Machtmittel sogar Geld verdient, indem man ihnen den sogenannten Ablass anbot: Die Befreiung oder das Lossprechen von der Sünde verband man mit einer Zahlung. Je höher diese ausfiel, desto größer die Schuldtilgung. Gegen diese finanzielle Ausnutzung von Schuldgefühlen hat Martin Luther zurecht protestiert. Dieses Mittel wird aber auch heute oft noch angewendet. Ein Priester erzählte, dass er in einer brasilianischen Pfingstkirche war, in der der Prediger den Leuten zunächst ein schlechtes Gewissen einredete: »Du hast doch auch schon Steuern hinterzogen. Du hast deine Frau betrogen. Du hast deinem Nachbarn etwas gestohlen.« Und dann predigt er die Erlösung: »Gott ist großzügig. Er vergibt dir alles. Aber du musst etwas für ihn tun. Du musst Geld spenden, damit dir Gott alles vergibt.«

Schuldgefühle werden in kirchlichen Gemeinden vor allem den Gläubigen eingeimpft, die sich für die Gemeinde engagieren. Es ist nie genug, was sie tun. Manche Gläubigen gehen aus dem Sonntagsgottesdienst mit einem schlechten Gewissen heraus. Sie denken: »Vielleicht könnte ich doch noch mehr für die Gemeinde tun. Eigentlich habe ich keine Kraft mehr. Aber ich kann mich den ständigen Forderungen des Pastors kaum entziehen.« Manche haben auch nach der Predigt ein schlechtes Gewissen, weil sie das Gefühl haben, keine guten Christen zu sein. Da hören sie von dem Anspruch, das Irdische ganz loszulassen und genügsam und bescheiden zu leben. Das sei es, was Jesus vorgelebt habe. Sie spüren aber, dass das so einfach nicht ist, wenn man beispielsweise eine Familie zu versorgen hat oder nur mit Mühe genug Geld verdient, um davon leben zu können. So gehen sie zwiespältig aus dem Gottesdienst nach Hause.

Schuldgefühle und Selbstwertgefühl

Wenn man Menschen Schuldgefühle einimpft, schwächt man ihr Selbstwertgefühl. Und umgekehrt gilt: Wer ein schwaches Selbstwertgefühl hat, ist besonders anfällig dafür, dass man ihm durch Schuldgefühle noch mehr seines Selbstwertgefühls beraubt. Selbstwertgefühl ist nicht identisch mit Selbstvertrauen. Es meint nicht, dass ich selbstbewusst auftrete, sondern dass ich mir meines Wertes bewusst bin, dass ich meine Würde, meine Einmaligkeit als Person spüre. Es ist das Gespür für mein wahres Wesen, für das Bild, das Gott sich von mir gemacht hat. Wenn man jemandem aber ständig einredet, dass er schlecht ist und ein großer Sünder, dann möchte er sich selbst gar nicht spüren. Denn er würde nur etwas Negatives in sich wahrnehmen. So fliehen viele Menschen in Äußerlichkeiten, die versuchen, das Selbstwertgefühl zu kompensieren. Zum Beispiel, indem sie selbstbewusst auftreten und so ihr mangelndes Selbstwertgefühl überspielen. Oder indem sie sich in die Arbeit stürzen, um durch äußeres Tun den Selbstwert zu steigern. Die Arbeit hindert sie daran, sich selbst zu spüren und sich ihrer selbst bewusst zu werden. So können sie ihren Schuldgefühlen aus dem Weg gehen.

Emotionale Erpressung

Ein weites Feld, in dem durch Schuldgefühle Macht ausgeübt wird, ist die emotionale Erpressung: Man versucht, einen anderen Menschen über Gefühle zu manipulieren. Wenn der andere nicht tut, was ich möchte, wird er mit negativen Gefühlen bestraft. Dazu gibt es verschiedene Methoden. Eine ist, dem anderen Schuldgefühle zu vermitteln: Wenn er nicht tut, was ich möchte, dann sage ich ihm, dass es mir schlecht geht. Eine andere, den Menschen mit anderen zu vergleichen. Da sagt beispielsweise ein Mann zu seiner Frau: »Andere Frauen sorgen für ihren Mann. Du aber denkst nur an dich.« Oder: »Andere wären froh, mich als Ehepartner zu haben, aber dich interessiert es gar nicht, wie es mir geht.« Eine dritte Methode ist, dem anderen etwas anzudrohen: »Du wirst schon sehen, wo du hinkommst, wenn du meinen Wunsch nicht erfüllst. Wenn du das tust, dann werde ich mich von dir trennen.« Oder noch schlimmer: »Dann bringe ich mich um. Und daran bist nur du schuld.« Und noch eine weitere Spielart, den anderen an seine Verpflichtungen zu erinnern: »Als Ehefrau, als Ehemann hast du die Pflicht, dich darum zu kümmern, dass es mir gutgeht.« Emotionale Erpressung arbeitet immer mit Vorwürfen. Andere sind schuld, wenn es uns schlechtgeht, wenn wir uns trennen, wenn wir Suizid begehen. Manchmal verbinden sich diese Vorwürfe mit Wutausbrüchen und heftigen Beschimpfungen. Menschen, die emotional erpressen, werfen anderen vor, dass sie egoistisch und dickköpfig sind. All diese Methoden rufen Schuldgefühle hervor.

Emotionale Erpressung geschieht vor allem in Partnerschaften, aber auch in der Beziehung zwischen Eltern und Kindern. Wenn der Vater die Tochter emotional an sich bindet und ihr Vorwürfe macht, wenn sie nicht auf seine Wünsche eingeht, dann ist das emotionale Erpressung. Oder wenn die Mutter immer dann, wenn der Sohn für sich eine Entscheidung trifft, zum Beispiel mit Freunden in Urlaub fährt, krank wird, dann ist auch das emotionale Erpressung. Allerdings spricht man in der Beziehung der Eltern zu den Kindern mehr von emotionalem Missbrauch.

Auch im Alltag oder in vermeintlich belanglosen Kleinigkeiten erleben Menschen immer wieder emotionale Erpressung. Da möchte eine Frau ihre langjährige Freundin für zwei Tage besuchen. Doch der Mann versucht sie daran zu hindern, indem er sagt: »Mich lässt du ganz allein. Dann geht es mir schlecht.« Oder er wirft ihr vor: »Für deine Freundin hast du Zeit, aber für mich nicht.« Oder er stellt sie gleich vor die Alternative: »Entweder du gehst zu ihr, dann kannst du auch gleich dort bleiben. Oder du bleibst bei mir. Entscheide dich für sie oder für mich.«

Eine andere Situation: Eine Mutter setzt ihre Tochter unter Druck, die in eine andere Stadt ziehen möchte, um dort zu studieren. Sie sagt ihr, sie könne es ohne sie nicht aushalten. Wenn sie allein ist und krank werde, dann sei die Tochter schuld. Sie bewirkt in der Tochter ein schlechtes Gewissen, denn diese will der Mutter nicht schaden. Wenn die Tochter jedoch nachgibt, wird die Mutter immer wieder das gleiche Muster anwenden: Sie wird ihre eigenen Wünsche bei der Tochter durchsetzen, indem sie ihr ein schlechtes Gewissen vermittelt oder ihr ausmalt, was alles passieren und wie schlecht ihr es gehen könnte.

Geistlicher Missbrauch

Ähnlich wie die emotionale Erpressung wirkt auch der geistliche Missbrauch. Dabei geht es darum, dem anderen Schuldgefühle einzuimpfen, wenn er einer geistlichen Weisung nicht folgt. Dadurch macht man ihn sich gefügig. Geistlicher Missbrauch liegt immer dann vor, wenn ein geistlicher Begleiter den, den er begleitet, für sich selbst braucht. Er braucht abhängige Jünger und Jüngerinnen, von denen er sich bewundern lässt. Geistlicher Missbrauch geschieht auch, wenn der Begleiter dem anderen autoritär vermittelt, was er genau glauben und tun muss. Wenn er dem nicht folgt, droht ihm der Begleiter: »Du wirst schon sehen, wo du landest. Du wirst scheitern. Du wirst in die Hölle kommen.« Noch schlimmer als die Bedrohung ist, den anderen zu verfluchen, wenn er den Weg nicht gehen will, den ihm der Begleiter vorschlägt. Eine andere Reaktion darauf ist, beleidigt zu sein: »Ich habe doch so viel für dich getan. Und jetzt gehst du ganz andere Wege. Das verletzt mich.« All diese Methoden – Drohen, Verfluchen, Beleidigtsein – bewirken im begleiteten Menschen Schuldgefühle, die dazu führen, dass sich jemand geistlich missbrauchen lässt. Denn Schuldgefühle machen Angst. Und Angst macht gefügig.

Geistlicher Missbrauch kommt auch in der Gruppe vor. Gerade fundamentalistische Vereinigungen oder Sekten treiben kollektiven geistlichen Missbrauch. Da gibt es strenge Gebote, die nicht übertreten werden dürfen. Eines dieser Gebote ist, dass man nicht mit Dritten über die Gemeinschaft sprechen darf. Wenn man es doch tut, wird man mit Gemeindeverbot bestraft. Menschen, die in einem solch autoritären System leben, tun sich oft schwer, aus der Gemeinschaft auszusteigen. Der Ausstieg führt zu großen Schuldgefühlen. Und die Aussteiger fühlen sich oft total allein. Sie können sich auf keinen spirituellen Weg mehr einlassen, weil sie Angst haben, wieder missbraucht zu werden.

Geistlicher Missbrauch hat ähnliche Auswirkungen auf die Opfer wie sexueller Missbrauch. Er kann Leben zerstören und dazu führen, dass das grundsätzliche Vertrauen der Opfer in andere Menschen und das Leben an sich so erschüttert ist, dass sie sich auf nichts und niemanden mehr wirklich einlassen können.

Die Psychologie nennt verschiedene Ursachen des geistlichen Missbrauchs. Sie sieht sie einmal in einer narzisstischen Persönlichkeit, die sich nach außen immer groß darstellen muss, zum anderen in der Identifizierung mit einem archetypischen Bild. Der Begriff des archetypischen Bildes stammt von Carl Gustav Jung. Solche archetypischen Bilder sind zum Beispiel Helfer, Heiler, Priester, Prophet. Archetypische Bilder haben eine heilende Wirkung. Sie bringen uns mit dem Potenzial unserer Seele in Berührung. Und sie führen uns in die eigene Mitte. Aber wenn wir uns mit ihnen identifizieren, werden wir blind für die eigenen Bedürfnisse, die wir dann unter dem Deckmantel des Heilers, des Helfers, des spirituellen Gurus ausleben. Da redet sich ein Priester ein, den anderen von seinen sexuellen Problemen heilen zu wollen. Aber in Wirklichkeit lebt er sein eigenes Bedürfnis nach Nähe und erotischer Erfahrung aus, indem er den anderen eng umarmt und nicht mehr loslässt. Geistlichen Missbrauch betreiben also Menschen, die auf dem Hintergrund grandioser Selbstbilder ihre eigenen Bedürfnisse nach Macht, Nähe und Rechthaben ausagieren.

Zwei Beispiele sollen verdeutlichen, wie geistlicher Missbrauch aussehen kann. Zwei Frauen waren lange Mitglieder eines Meditationskreises um einen deutschen Guru. Sie waren der Überzeugung, er habe eine Ausstrahlung wie Jesus: In seiner Nähe spürten sie das Göttliche. Dann ließen sie sich von ihm dazu verleiten, ihr Haus zu verkaufen und ihm das Geld zu geben. Er hatte versprochen, in

Indien ein Haus für arme Menschen bauen zu lassen und eine Einrichtung zu gründen, die sich um jene kümmert, die am Rand der Gesellschaft leben. Doch dann erfuhren sie, dass er das Geld nur dazu gebraucht hatte, um sich teure Autos zu kaufen und ein Luxusleben zu führen. Diese beiden Frauen waren für ihr Leben geschädigt. Und es fiel ihnen schwer, überhaupt wieder einem Menschen zu vertrauen.

Eine andere Frau geriet in esoterische Kreise. Dort vermittelte man ihr, dass sie etwas Besonderes sei. Man sehe hinter ihr Jesus selbst. Sie habe eine starke Jesus-Ausstrahlung. Von ihr könne etwas Heilendes ausgehen. Doch als sie einer früheren Freundin davon erzählte, reagierte diese auf andere Weise extrem. Das sei alles vom Teufel, sagte sie, und riet ihr, sich den Teufel in einem Ritual austreiben zu lassen. Sie war völlig verwirrt. Beide Wege bedeuten geistlichen Missbrauch: die Glorifizierung ebenso wie die Verteufelung.

Therapeutische Lösungswege bei Schuldgefühlen

Die Psychologie bietet uns viele Hilfen, wie wir mit Schuldgefühlen umgehen können. Sie unterstützt uns darin zu unterscheiden, ob es um reale Schuld geht oder um Schuldgefühle, die uns andere einreden oder die das eigene Über-Ich in uns entwickelt. Zudem lädt sie uns ein, uns unserer Schuld und unseren Schuldgefühlen zu stellen. Es geht nicht darum, Schuldgefühle zu verdrängen. Für Carl Gustav Jung ist es höchst naiv, zu meinen, man könne der Schuld entrinnen. Es gehört zur Reifung des Menschen, seine eigene Schuld zu erkennen. Dann kann sie zum Gewinn werden, weil sie uns zur Demut führt und zur eigenen Wahrheit. Jung schreibt: »Nur einen Dummkopf interessiert die Schuld des anderen, an der sich nichts ändern lässt. Nur von der eigenen Schuld lernt der Kluge. Er wird sich die Frage vorlegen: Wer bin ich, dem all das geschieht? Er wird in seine eigene Tiefe blicken, um dort die Antwort auf diese Schicksalsfrage zu finden« (Jung, Gesammelte Werke 12, 169).

Es geht also nicht um Schuldgefühle, sondern um Schuldeinsicht. Ob wir wollen oder nicht, wir werden immer wieder in Schuld geraten. Es bedeutet Weisheit, das anzuerkennen. Die Psychologie hat einige Wege identifiziert, wie Menschen versuchen, ihren Schuldgefühlen auszuweichen. Einer ist der der Projektion: Ich projiziere meine verdrängten Schuldgefühle auf die anderen und klage sie an. Ein anderer Weg besteht darin, die Schuld zu verharmlosen – es ist doch ganz normal, so zu handeln. Andere laufen vor ihrer Schuld davon. Sie kommen nicht zur Ruhe. Wenn es um sie herum einmal still wird, geraten sie in Panik. Sie haben dann Angst, dass ihre Schuldgefühle hochkommen. Ein vierter Weg ist, die Reue über die Schuld zu übertreiben Aber damit weicht man der Konfrontation mit der realen Schuld aus. Carl Gustav Jung meint, man genießt dann die Reue »wie ein warmes Daunenbett an einem kalten Wintermorgen, wenn man aufstehen soll. Diese Unehrlichkeit, dieses Nicht-sehen-Wollen macht, dass es zu keiner Konfrontation mit dem eigenen Schatten kommt« (Jung, Gesammelte Werke 8, 680).

Biblische Lösungswege bei Schuldgefühlen

Die Bibel kreist in vielen Geschichten um das Thema Schuld und Schuldgefühle. Wenn wir die Texte auf dem Hintergrund psychologischen Wissens auslegen, erkennen wir in ihnen Lösungswege, die für uns heute heilsam sind und die uns ganz konkret Wege aufzeigen, wie wir mit Schuldgefühlen und mit emotionaler Erpressung umgehen können. Ich möchte dazu drei biblische Geschichten anschauen, die sich mit Schuldgefühlen beschäftigen.

Die erste Geschichte findet sich im Buch Genesis: Gott hat den Menschen nach seinem Bild und Gleichnis geschaffen und ihm ein hohes Selbstwertgefühl geschenkt. Er hat den Adam in den Garten Eden gesetzt und ihm den Auftrag gegeben, den Garten zu hegen und zu pflegen. Dann erschuf er ihm eine Frau als Gefährtin. Sie durften von allen Früchten des Gartens essen, nur nicht vom Baum der Erkenntnis. Doch die Schlange sagte zu Eva, sie und ihr Mann sollten doch von diesem Baum essen, denn dann würden sie wie Gott und könnten das Gute und Böse erkennen. Eva nahm von der Frucht und reichte sie auch Adam. Beide aßen. »Da gingen ihnen die Augen auf und sie erkannten, dass sie nackt waren« (Genesis 3,8). Hier besteht die Schuld darin, dass sie ein Gebot Gottes übertreten und dass sie sein wollen wie Gott. Doch in diesem Moment erkennen sie ihre Nacktheit und verstecken sich vor Gott. Dieser vermittelt Adam und Eva keine Schuldgefühle, kein schlechtes Gewissen. Er konfrontiert sie nur mit ihrer eigenen Wahrheit. Beide wollen dieser zunächst ausweichen, indem sie die Schuld anderen in die Schuhe schieben: Adam der Eva und Eva der Schlange. Sie wollen ihre Schuld verdrängen. Doch vor Gott müssen sie sich ihrer Wahrheit stellen und ihre Schuld einsehen. Gott führt sie also zur Schuldeinsicht.

Indem Adam und Eva ihre Schuld einsehen, akzeptieren sie die Konsequenzen, die aus ihrem Handeln folgen: Ihr Leben wird mühevoller und schmerzlicher werden. Sie werden aus dem Garten Eden vertrieben, müssen den Ackerboden mit Mühe bebauen und unter Schmerzen Kinder gebären. Auf diese Weise werden sie von der Versuchung geheilt, wie Gott sein zu wollen. Sie werden demütig, lateinisch *humilis*, von *humus*, Erdboden. Sie erfahren, dass sie von der Erde genommen sind und zur Erde zurückkehren werden. Die Bibel erzählt nicht, dass Adam und Eva voller Schuldgefühle und Selbstvorwürfe den Garten Eden verlassen. Sie lassen sich auf das Leben ein, das Gott ihnen zugedacht hat. Er raubt ihnen nicht ihr Selbstwertgefühl. Die Schuld führt vielmehr dazu, dass sie ihre Wahrheit akzeptieren: dass sie fehlbare Menschen sind und nicht Gott.

Die zweite Geschichte ist die von Kain und Abel (Genesis 4,1–16): Kain erschlägt seinen Bruder Abel, weil er neidisch ist auf ihn. Er kann es nicht ertragen, dass sein Bruder bei den Eltern beliebter ist. Nach dem Mord tut er so, als sei nichts gewesen. Er verdrängt seine Schuld. Doch Gott zwingt ihn zur Schuldeinsicht durch zwei Fragen: »Wo ist dein Bruder Abel?« und »Was hast du getan?« (Genesis 4,9f). Die Schuldeinsicht führt bei Kain zu Schuldgefühlen, die ihm Angst vor den Menschen machen. Sie lassen ihn rastlos und ruhelos auf der Erde herumwandern. Kain hat Angst, dass jeder, der ihm begegnet, ihn erschlagen könnte. Doch weil Kain seine Schuld einsieht, schützt ihn Gott mit einem Mal, einem besonderen Siegel sozusagen, vor der Rache der Menschen. Er soll ein neues Leben anfangen. Aber zunächst muss er sich der Konsequenzen bewusst sein, die seine Schuld gegenüber seinem Bruder Abel nach sich ziehen. Trotz seiner Schuld kann Kain sich dann jedoch in einem anderen Land niederlassen und sein Leben weiterführen.

Die Geschichte von Kain und Abel ist eine Mahnung, keine Schuld auf sich zu laden. Denn Schuldgefühle führen dazu, sich aus der menschlichen Gemeinschaft ausgeschlossen zu fühlen und ruhelos und rastlos umherzuwandern. Gott bewahrt Kain vor dieser Rastlosigkeit und Ruhelosigkeit, indem er ihm das Mal auf die Stirn zeichnet. Es erinnert Kain an seine Schuld und zwingt ihn zur Schuldeinsicht. Aber zugleich ist es Ausdruck der Sorge Gottes auch für den schuldigen Menschen. Er bewahrt ihn vor der Rache der Menschen.

Die dritte Geschichte ist das Gleichnis Jesu vom klugen Verwalter (Lukas 16,1–8). Ein Verwalter wird angeklagt, dass er das Vermögen seines Herrn verschleudere. Es ist nicht klar, ob es sich um wirkliche Schuld handelt oder nur um Schuldvorwürfe. In diesem Vorwurf wird deutlich, dass wir alle, ob wir wollen oder nicht, immer etwas vom Vermögen verschleudern, das Gott uns gegeben hat, das heißt: Wir werden nicht alle unsere Fähigkeiten einsetzen und nicht immer optimal leben. Wir können dieser Schuld nicht entrinnen. Daher geht es vielmehr darum, wie wir mit der Schuld und den Schuldgefühlen umgehen.

Jesus zeigt in diesem Gleichnis zunächst die beiden Weisen auf, wie Menschen oft auf Schuldgefühle reagieren. Der Verwalter hält ein Selbstgespräch: »Zu schwerer Arbeit tauge ich nicht, und zu betteln schäme ich mich« (Lukas 16,3). Wir versuchen, unsere Schuldgefühle oft dadurch zu kompensieren, dass wir hart arbeiten und möglichst genau alle Gebote Gottes erfüllen. Doch dann werden wir auch innerlich hart und schneiden uns selbst von der Lebendigkeit ab. Die zweite Weise ist, dass wir »betteln«: Wir machen uns ganz klein und entschuldigen uns bei allen, dass wir so schlechte Menschen sind. Doch dann verlieren wir alle Selbstachtung. Die dritte Weise, die Jesus in dem Gleichnis bejaht, ist, die Schuld als Anlass zu nehmen, Mensch unter Menschen zu sein. Der Verwalter spricht zu sich selbst: »Ich weiß, was ich tun muss, damit mich die Leute in ihre Häuser aufnehmen, wenn ich als Verwalter abgesetzt bin« (Lukas 16,4). Er lässt die Schuldner alle kommen und erlässt ihnen einen Teil der Schuld. Er vermittelt ihnen gleichsam: »Du bist schuldig, ich bin schuldig, also teilen wir uns die Schuld.« Wir sollen einander nicht ausschließen, wenn wir schuldig werden, sondern solidarisch sein und demütig anerkennen, dass wir alle irgendwie und irgendwann schuldig werden. Wir sollen uns selbst also nicht ausschließen aus der menschlichen Gemeinschaft, wenn wir schuldig werden. Wir sollen aber auch die anderen, die schuldig geworden sind, nicht ausschließen, sondern sie in unser Haus aufnehmen. Dann sind die Schuldgefühle eine Einladung, eine gute Beziehung zu den Menschen aufzubauen, eine Beziehung, in der wir uns nicht über die anderen stellen, sondern uns mit ihnen solidarisch fühlen und die von Barmherzigkeit und Milde geprägt ist.

Wenn wir den Lösungsansatz des Gleichnisses in unser Leben übertragen, könnten wir sagen: Wir sollen uns weder beschuldigen noch entschuldigen, weder mit zu hohen Ansprüchen an unser Verhalten überfordern noch uns entwerten, weil wir nicht perfekt sind. Wir sollen in aller Demut unsere Schuld anerkennen, aber trotzdem an unserer Würde festhalten. Trotz unserer Schuld dürfen wir aufrecht in das Haus anderer Menschen eintreten. Und genauso sollten wir die, die schuldig geworden sind, in unser Haus aufnehmen, anstatt sie zu verstoßen oder aus der Gemeinschaft zu verbannen. Im Gleichnis heißt es, dass dies oft die »Kinder des Lichtes« tun. Damit sind die Anhänger der Qumran-Sekte, die Essener, gemeint.

Jesus grenzt das Verhalten der Christen hier von dem der Essener ab. Die Christen sollen nicht ausschließen, sondern einander aufnehmen. Doch schaut man in die Geschichte der Menschheit, haben die Christen kaum auf die Botschaft dieses Gleichnisses gehört. Sie haben die Schuldigen oft aus ihrer Gemeinschaft ausgestoßen und sie verurteilt. Jesus zeigt uns einen anderen Weg. Wir sollen unsere Schuld und unsere Schuldgefühle annehmen, ohne dass wir unsere Selbstachtung verlieren. Wir verwandeln die Schuldgefühle in eine neue barmherzige Beziehung zu den Menschen in unserer Umgebung.

Die Bedingung, dass wir so kreativ mit unserer Schuld umgehen können, ist, dass wir an die Vergebung unserer Schuld durch Gott glauben. Das ist ja die zentrale biblische Botschaft: Gott vergibt uns unsere Schuld. Jesus hat den Menschen immer wieder zugesagt: »Deine Sünden sind dir vergeben.« Das hat sie befreit von der Selbstverurteilung und vom Kreisen um die eigene Schuld. Am deutlichsten dürfen wir erfahren, dass Gott unsere Schuld vergibt, wenn wir auf das Kreuz Jesu Christi schauen. Lukas erzählt uns, dass Jesus am Kreuz für seine Mörder gebetet hat: »Vater, vergib ihnen, denn sie wissen nicht, was sie tun« (Lukas 23,34). Wenn Jesus selbst seinen Mördern vergibt, dürfen wir darauf vertrauen, dass es nichts gibt, was Gott nicht vergibt. Der Blick auf Jesu vergebende Liebe am Kreuz kann uns befreien von allen Selbstvorwürfen und Selbstverurteilungen. All die inneren Widerstände in uns gegenüber der Vergebung lösen sich auf und wir fühlen uns bedingungslos angenommen. Das ist eine Lösung für unsere Schuldgefühle, die uns keine Psychologie vermitteln kann, sondern nur die Botschaft der Bibel.

Therapeutische Lösungswege bei emotionaler Erpressung

Der psychologische Weg, sich von der emotionalen Erpressung zu befreien, besteht darin, dem eigenen Gefühl zu trauen und die Mechanismen zu durchschauen, die im Unbewussten ablaufen. Jemand will Macht über mich ausüben, indem er mir ein schlechtes Gewissen einimpft. Ich brauche die Wut, um mich von dieser Macht zu distanzieren. Sie bringt mich in Berührung mit mir selbst. Ich spüre durch die Wut meinen eigenen Wert. Ich bin wertvoll, auch wenn ich nicht die Erwartung des emotionalen Erpressers erfülle. Die Wut führt mich in meine eigene Mitte. Dann lasse ich mich nicht so leicht von einem anderen erpressen.

Ein anderer therapeutischer Weg ist, sozusagen das Gehörte zu Ende zu denken: Wenn der andere mit seiner Androhung ernst macht, wenn er mich also wirklich verlässt oder wenn er krank wird oder gar Suizid begeht, was ist dann? Bin ich dann wirklich schuld? Die Entscheidung, mich zu verlassen oder Suizid zu begehen, ist die Entscheidung des anderen. Dafür bin ich nicht verantwortlich. Ich lasse die Entscheidung bei ihm und befreie mich von seinen Vorwürfen, ich sei schuld. Nur aus dieser gesunden

Distanz heraus kann ich angemessen auf die emotionale Erpressung reagieren. Zudem muss mir klar sein: Wenn ich ein Mal nachgebe, wird der andere das Mittel der emotionalen Erpressung immer wieder anwenden. Dann lebe ich nicht mehr selbst, sondern werde vom anderen gezwungen, in einer Weise zu leben, die meiner Wahrheit nicht mehr entspricht. Er hat mich dann sozusagen in der Hand und wird mir immer wieder seinen Willen aufdrücken.

Biblische Lösungswege bei emotionaler Erpressung

Der alttestamentliche Held Simson wird von den Philistern gefürchtet. Er hat Bärenkräfte, tötet nicht nur Löwen, sondern auch viele Philister. Die Philister waren die Feinde Israels. Trotzdem heiratet Simson eine Philisterin. Sie heißt Delila. Die Stammesgenossen von Delila nutzen diese Situation aus. Sie kommen zu ihr und bitten sie, sie solle doch herausfinden, wie man Simson überwältigen könne, was also das Geheimnis seiner enormen Kraft ist und was ihn schwächen kann. Drei Mal sagt Simson seiner Frau, wie man ihn fesseln könnte. Aber jedes Mal zerreißt er die Stricke. Da greift Delila zu anderen Mitteln: »Sie sagte zu ihm: Wie kannst du sagen: ›Ich liebe dich!‹, wenn mir dein Herz nicht gehört? Jetzt hast du mich drei Mal belogen und mir nicht gesagt, wodurch du so große Kraft besitzt. Als sie ihm mit ihrem Gerede jeden Tag zusetzte, wurde er es zum Sterben leid; er offenbarte ihr alles« (Richter 16,15–17). Delila setzt das Weinen als Mittel zur emotionalen Erpressung ein und den Vorwurf, er würde sie nicht lieben. Irgendwann wird selbst der starke Simson schwach und verrät ihr, dass es seine langen Haare sind, die ihm diese enorme Kraft verleihen. Daraufhin wird er gefangen genommen, die Philister stechen ihm die Augen aus und schneiden ihm seine Haare ab. Sie fesseln ihn mit Bronzeketten und stecken ihn ins Gefängnis. Als die Fürsten der Philister ein großes Fest zu Ehren ihres Gottes Dagon feiern, holen sie Simson aus dem Gefängnis, um ihren Spaß mit ihm zu treiben. Doch inzwischen sind seine Haare wieder nachgewachsen. Sie stellen ihn zwischen die Stützsäulen des Hauses. Simson umfasste die Säulen und mit aller Kraft brachte er sie zum Einsturz: »Das Haus stürzte über den Fürsten und über allen Leuten, die darin waren, zusammen. So war die Zahl derer, die er bei seinem Tod tötete, größer als die, die er während seines Lebens getötet hatte« (Richter 16,30).

Zwei Wege zeigt die Bibel in dieser seltsamen Heldengeschichte, um sich von der emotionalen Erpressung zu befreien: Simson kommt mit seiner Wut über die, die ihn emotional erpresst haben, in Berührung. Und als die Haare wieder wachsen, kommt er mit seiner Kraft in Berührung. Daraus lassen sich zwei Lösungsansätze ableiten:

1. Die Wut als Kraft, Distanz zu dem zu bekommen, der mich emotional erpressen möchte. Ich kann der Wut trau-

en. Sie zeigt mir, dass ich dem anderen hier nicht die Macht geben darf. Sie bewahrt mich zudem davor, mich von meinem schlechten Gewissen bestimmen zu lassen. Indem mir der andere ein schlechtes Gewissen macht, bekommt er Macht über mich. In der Wut kann ich mich von dieser Macht befreien.

2. Es ist wichtig, wieder mit uns selbst und unserer inneren Kraft in Berührung zu kommen. Wenn der andere uns emotional erpresst, lassen wir uns aus unserer eigenen Mitte herauslocken. Wir sind ganz beim anderen und nicht mehr bei uns. Wenn wir uns selbst und unsere Kraft spüren, hat der emotionale Erpresser jedoch keine Chance bei uns. Die biblische Geschichte zeigt, dass es manchmal allerdings lange dauert, bis wir wie Simson wieder mit unserer eigenen Kraft in Berührung kommen.

Wir sehen, dass die therapeutische Lösung und die Lösung, die uns die biblische Geschichte anbietet, sehr ähnlich sind. Die Bibel ist voll von psychologischer Weisheit und Erfahrung. Es liegt an uns, diese Weisheit für uns neu zu entdecken und sie für unsere Zeit so auszulegen, dass die Menschen spüren: Da geht es um mich. Da werden mir Wege aufgezeigt, wie ich mit dem umgehen kann, was mich belastet, in diesem Fall mit emotionaler Erpressung.

Therapeutische Lösungswege
bei geistlichem Missbrauch

In einer Therapie wird der Therapeut versuchen, dem, der geistlichen Missbrauch erfahren hat, das Selbstwertgefühl zu stärken. Er soll wieder lernen, seinem eigenen Gefühl zu trauen, und so die Mechanismen durchschauen, die der Missbrauchende anwendet: anderen Schuldgefühle zu vermitteln und sie dadurch gefügig zu machen beziehungsweise sich selbst als Guru, als besonders erleuchteten Menschen darzustellen. In der Psychologie geht es darum, diese Mechanismen aufzudecken und sich dann zu fragen: Wie konnte das geschehen? Was ist meine psychische Verfasstheit, dass ich mich geistlich missbrauchen lasse? War es meine Bedürftigkeit nach Harmonie? Ich werde dann entdecken, dass der Täter mein Vertrauen ausgenutzt hat, vielleicht auch meine »schwache Stelle«. Der Täter vermittelte absolute Sicherheit und antwortete damit auf die eigene Unsicherheit. Zudem sprach er die Sehnsucht nach dem Heiligen an, die in jedem Menschen steckt. Er hat seinem Opfer vielleicht vermittelt, dass er ein ganz besonderer Mensch ist, wenn er ihm folgt. Er hat es dazu verführt, den eigenen Problemen auszuweichen und in die Grandiosität zu flüchten: »Ich muss meine Defizite gar nicht anschauen und bearbeiten. Ich bin schon etwas Besonderes, ich bin wie Jesus, ich bin ein Erleuchteter. Ich stehe über den anderen.« Eine Therapie entlarvt diese Mechanismen und lädt dazu ein, sich so anzunehmen, wie man ist.

Biblische Lösungswege
bei geistlichem Missbrauch

Im Matthäusevangelium findet sich eine Rede Jesu gegen die Pharisäer und Schriftgelehrten. Er warnt sie darin vor dem geistlichen Missbrauch. Der Evangelist meint hier mit »Pharisäern« allerdings nicht nur die Gruppe von jüdischen Gesetzeslehrern. Er denkt auch an die christlichen Lehrer. Sie sind genauso in Gefahr, geistlichen Missbrauch zu begehen. Jesus wendet sich an seine Jünger und an das Volk, also an die christliche Gemeinde. Sie sollten sich hüten vor christlichen Auslegern, die wie die Pharisäer sind. Jesus war mit einigen Pharisäern befreundet, aber er wendet sich hier gegen eine bestimmte Art und Weise, mit den Menschen umzugehen. Er sagt von ihnen: »Sie schnüren schwere Lasten zusammen und legen sie den Menschen auf die Schultern, wollen selbst aber keinen Finger rühren, um die Lasten wegzuschaffen« (Matthäus 23,4).

Die Aufgabe des geistlichen Begleiters ist es, den Menschen ihre Lasten zu nehmen: die Last eines zu geringen Selbstwertgefühls, die Last ständiger Schuldgefühle, die Last des Perfektionismus. Jesus spricht hier von geistlichen Begleitern, die jedoch den Begleiteten nur noch mehr Lasten aufbürden. Auf der einen Seite versprechen sie ihnen, dass sie spirituell weiterkommen. Auf der anderen Seite aber überfordern sie sie mit ständig neuen Forderungen.

Jesus warnt die Gemeindeleiter und die Theologen und Seelsorger zu allen Zeiten, dass sie sich vor dem geistlichen Missbrauch hüten sollen. Aber er zeigt auch Wege, wie wir uns davor bewahren können. Denen, die unter geistlichem Missbrauch leiden, empfiehlt er, auf ihr eigenes Gefühl und ihren Verstand zu hören. Dann werden sie manche Forderungen als vernunftwidrig und gegen ihr Wesen als Mensch gerichtet erkennen. Den geistlichen Begleiter mahnt er, dass er sich nicht mit den archetypischen Bildern des Meisters, des Vaters und des Lehrers identifizieren darf: »Ihr aber sollt euch nicht Rabbi (Meister) nennen lassen; denn nur einer ist euer Meister, ihr alle aber seid Brüder. Auch sollt ihr niemand auf Erden euren Vater nennen; denn nur einer ist euer Vater, der im Himmel. Auch sollt ihr euch nicht Lehrer nennen lassen; denn nur einer ist euer Lehrer, Christus« (Matthäus 23,8–10). Manche nennen sich nicht selbst Meister, sondern werden von ihren Schülern so genannt. Jesus warnt davor, solche Bezeichnungen anzunehmen oder sich als Meister zu fühlen. Christus ist unser Meister, wir alle sind Brüder, die einander stützen, die sich aber nicht über die anderen stellen. Im frühen Mönchtum hatte der geistliche Vater die wichtige Aufgabe, junge Mönche in das spirituelle Leben einzuführen. Aber die Mönche betonen zugleich immer auch die Demut. Der geistliche Vater spielt sich also nie als solcher auf. Er erzählt stattdessen von seinen eigenen Anfechtungen, stellt sich auf die gleiche Ebene wie die Schüler und sucht mit ihnen gemeinsam nach Gott. Das griechische

Wort für Lehrer (*kategetes*) meint den geistlichen Berater und Gewissensleiter. Jesus warnt die Seelsorger davor, sich über das Gewissen der Einzelnen zu stellen, ihnen einzureden, dass sie genau wissen, was Gott von ihnen will. Christus ist allein der wahre Lehrer, nicht nur durch seine Worte, sondern auch als der, der in uns ist, der in unserem Gewissen zu uns spricht.

Jesu Worte helfen uns, uns vor geistlichem Missbrauch zu schützen. Doch wenn wir diesen bereits erfahren haben, was heilt uns dann? Mir fällt dazu das Wort Jesu ein: »Das Reich Gottes ist in euch« (Lukas 17,21). Bei all den Verwirrungen, die der geistliche Missbrauch in uns ausgelöst hat, ist es hilfreich, nach innen zu gehen und zu vertrauen, dass das Reich Gottes in uns ist. Das ist nicht abhängig von den Worten des geistlichen Begleiters. Auf dem Grund unserer Seele sind wir gesund. Da ist Gott in uns. Und wo Gott in uns herrscht, da können die Worte dessen, der uns geistlich missbraucht hat, nicht eindringen. Da haben auch die Schuldgefühle keinen Zutritt, die uns im geistlichen Missbrauch eingeimpft worden sind. Da sind wir rein und klar. Wenn wir uns dessen immer wieder bewusst werden, dann hat der geistliche Missbrauch keine Macht mehr über uns. Wir trauen wieder unserem eigenen Gefühl.

Fragen zum Umgang
mit Schuldgefühlen

Woher kommen die Schuldgefühle?

Die Schuldgefühle kommen oft aus meinem eigenen Über-Ich. Aber sie sind auch die Reaktion auf wirkliche Schuld. Es ist wichtig, zu unterscheiden, ob die Schuldgefühle eine wirkliche Schuld widerspiegeln oder ob sie nur meinen eigenen Vorstellungen vom Leben widersprechen.

Was habe ich von meinen Schuldgefühlen?

Durch Schuldgefühle kreise ich immer um mich selbst. Sie bewahren mich davor, mein Leben zu ändern und auf andere Menschen frei zuzugehen. Durch Schuldgefühle bewahre ich mich davor, an mir ehrlich zu arbeiten. Lieber hänge ich darin fest. Schaffe ich es, sie aufzulösen, kann ich mich auf die Beziehung zu anderen Menschen offen und ehrlich einlassen.

Wie zerstört oder behindert der Mechanismus der Schuldgefühle die Beziehung zu anderen?

Meine eigenen Schuldgefühle rufen auch in meinem Gegenüber Schuldgefühle hervor. Und ich bin nicht wirklich offen für die Beziehung zu anderen Menschen. Schuldgefühle verdunkeln diese Beziehung. Ich kann den anderen nicht so anschauen, wie er ist. Ich sehe ihn immer durch die Brille meiner Schuldgefühle und verfälsche so meine Beziehung zu ihm.

Wie werde ich frei vom Mechanismus der Schuldgefühle?

Ein Weg, von den eigenen Schuldgefühlen frei zu werden, ist der Glaube an die Vergebung Gottes. Gott nimmt mich an mit meinen Schuldgefühlen, ganz gleich, ob sie aus dem Über-Ich kommen oder eine Reaktion auf reale Schuld sind. Eine andere Hilfe ist, zu unterscheiden zwischen der Schuldeinsicht, die mich zu neuem Verhalten drängt, und den Schuldgefühlen, die mich lähmen und in mir ein schlechtes Gewissen vermitteln. Die Schuldeinsicht befreit mich von den Schuldgefühlen. Sie führt dann zu offenen und ehrlichen Beziehungen.

2. Passive Aggression

Aggression ist eine Lebensenergie, die wir unbedingt brauchen, damit unser Leben gelingt. Aber sie kann auch zerstörerisch werden. Wir können von ihr beherrscht werden. Dann sind wir häufig innerlich zerrissen oder verbittert oder voller Groll. Es kommt also darauf an, wie wir mit der Aggression umgehen. Viele Menschen verdrängen sie, weil es ein gesellschaftlich eher geächtetes Gefühl ist und man uns beigebracht hat, sie nicht zu zeigen und stattdessen immer freundlich und liebevoll zu erscheinen. Aggression widerspricht damit unserem Selbstbild. Andere haben in der Kindheit die Aggression eines Elternteils als so negativ erfahren, dass sie das Gefühl oder diese Kraft völlig aus ihrem Erleben heraushalten wollen. Manche haben vielleicht auch die Erfahrung gemacht, dass die Aggression aus ihnen herausgeprügelt wurde. Sie hatten als Kind also gar keine Chance, Zorn und Wut zu zeigen. Und so haben sie nie gelernt, konstruktiv mit Aggressionen umzugehen.

Der Sinn dieser Kraft in uns ist, dass sie das Verhältnis von Nähe und Distanz regelt. Wir werden aggressiv, wenn jemand unsere Grenze überschreitet. Wenn wir die Aggression verdrängen, weil sie unserem Selbstbild widerspricht, dann ist sie jedoch nicht einfach »weg«. Sie gerät in den Schatten, also sozusagen ins Passive, Unbewusste, und wirkt sich von dort aus destruktiv auf uns und unsere Umwelt aus.

Die Psychologin Linda Siegmund definiert passive Aggression so: »Passiv-aggressives Verhalten bedeutet, seine wahren negativen Gefühle durch eine passive, indirekte Art und Weise auszudrücken. Selbst wenn Sie wirklich verärgert, wütend oder frustriert über eine Situation oder Person sind, werden Sie nicht in der Lage sein, diese Gefühle offen zu zeigen. Stattdessen unterdrücken und überspielen Sie diese. Das wirkt auf Personen zunächst rücksichtsvoll und fürsorglich, aber Ihre Taten werden Sie schnell von einer anderen Seite zeigen« (Siegmund, Passive Aggressive, 5). Die Psychologie nennt die passive Aggression eine Persönlichkeitsstörung. Menschen, die darunter leiden, wollen von anderen anerkannt werden. Daher sind sie ständig im Kampf mit ihren Gefühlen. Auf der einen Seite wollen sie Zugehörigkeit, auf der anderen Seite spüren sie in sich einen Druck, dagegen zu handeln.

Es gibt verschiedene Weisen, wie diese Art von verdrängter Aggression sich bemerkbar macht. Und es gibt Anzeichen, an denen wir passive Aggression bei einem Menschen erkennen können. Eines ist zum Beispiel chronische Unpünktlichkeit. Wenn ich immer zu spät komme, zeige ich unbewusst meine Aggression gegen das, was die anderen tun: gegen die Kollegen beim Meeting oder gegen die

Mitbrüder beim Gebet oder das Gebet selbst, gegen das ich innerlich rebelliere. Ein anderes Zeichen für passive Aggression ist eine unklare Ausdrucksweise, mit der man im anderen Gefühle der Unsicherheit erzeugen möchte. Bei Teamarbeit zeigt sich das darin, dass ich die Arbeit ständig hinauszögere und aufschiebe und Chaos verbreite, weil ich meine Termine nicht einhalte und dadurch das ganze Projekt gefährde.

Passive Aggression ist zudem häufig die Ursache, wenn jemand sich immer wieder in der Opferrolle sieht und daraus agiert. Ein passiv-aggressiver Mensch glaubt immer, dass alle anderen es besser und einfacher haben als er selbst. Und dass immer jemand anderer oder die Lebensumstände daran schuld sind, wenn etwas in seinem Leben nicht so läuft, wie er sich das vorgestellt hat. Eine andere Form passiver Aggression ist die Vergesslichkeit gegenüber dem, der mir einen Auftrag erteilt oder einen Wunsch geäußert hat. Dann behauptet der Betroffene, es sei ihm entfallen, was jemand von ihm verlangt oder erbeten hat.

Ein Beispiel: Eine Frau erzählte, dass ihr Mann sehr stark sei. Sie konnte ihm widersprechen, aber er redete immer so lange weiter, brachte so viele Gegenargumente, dass sie sich ihm gegenüber machtlos fühlte. Bevor er morgens zur Arbeit geht, trägt er ihr auf, was sie alles tun soll. Da er auch sehr umweltbewusst ist, verbietet er ihr, Plastikspielzeug für das Kind zu kaufen. Wenn er am Abend fragt, ob sie das oder jenes schon erledigt habe, sagt sie einfach:

»Ach, es tut mir leid, das habe ich einfach vergessen.« Und wenn er ihr vorwirft, dass sie trotz seines Verbotes für das Kind ein Spielzeug gekauft hat, das aus Plastik ist, antwortet sie: »Das habe ich gar nicht gemerkt. Das war nicht deutlich zu sehen.« Ihr Vergessen und ihre Ausrede sind typische Ausdrucksweisen ihrer passiven Aggression. Hier muss die Frau gleichsam die passive Aggression zur Hilfe nehmen, weil sie sich nicht traut, gegenüber ihrem Mann aktiv aggressiv zu werden und ihm zu widersprechen. Denn da hätte sie keine Chance gehabt.

Eine andere Form, in der sich passiv-aggressives Verhalten ausdrückt, ist die Härte, mit der man über andere urteilt. Man projiziert dann die verdrängte Aggression auf diese. Oder man versteckt die Aggression hinter einem betont freundlichen Verhalten.

Ein Beispiel: Bei einer Tauffeier kam ein befreundetes Ehepaar etwas zu spät, weil sie im Stau gestanden hatten. Die Mutter des Täuflings begrüßte das Ehepaar, aber hinter der Fassade und in ihrer Wortwahl spürte man ihre Aggression: »Ach, schön, dass ihr endlich da seid.« Das sagte sie ganz freundlich. Aber das Wort »endlich« verriet ihre Aggression. Das Ehepaar fühlte sich bei der Tauffeier nicht mehr wohl. Die passive Aggression der Mutter hat ihnen die Freude am Fest verdorben.

Eine andere Form ist die Sturheit: »Menschen, die stur und kompromisslos ihr eigenes Ding machen, lösen in ihrem Gegenüber starke Aggressionen aus, weil dieses sich so hilflos fühlt, irgendeinen Einfluss auf den Verweigerer zu nehmen« (Stahl, Das Kind in dir, 106). Nach außen hin bleibt der Passiv-Aggressive ganz ruhig. Doch gerade diese unbewegliche Ruhe kann den anderen »so in Rage bringen, dass letztlich dieser als der Schuldige dasteht, weil er in seiner hilflosen Wut um sich schlägt« (Stahl, Das Kind in dir, 106).

Tatsächlich versteckt sich die passive Aggression oft hinter einer freundlichen Fassade. Nach außen wird das gar nicht sichtbar. Doch der Gesprächspartner – oder wie im Beispiel das befreundete Ehepaar – spürt in sich Aggressionen aufsteigen. Er erkennt, dass der andere nicht so freundlich ist, wie er sich nach außen gibt, sondern dass dahinter verdrängte Aggression steckt. Das äußert sich oft auch in einer übertrieben sanften Sprechweise.

Ein Beispiel: Ich habe einen Priester begleitet, der nach außen hin sehr freundlich war. Aber nach einer Stunde Gespräch war ich voller Aggressionen. Ich dachte zuerst, dieser Mann würde mich an einen anderen erinnern, der mich verletzt hat. Aber im Gespräch mit dem Therapeutenteam im Recollectiohaus erkannte ich, dass es nicht mein Problem war. Dieser Mann strahlte eine typisch passive Aggression aus. Hinter der freundlichen Fassade steckt oft Härte oder Rechthaberei und hinter der sanften Stimme versteckt man seine aggressiven Forderungen.

Manchmal macht diese verdrängte Aggression auch den Körper krank. Der Körper muss dann gleichsam die Aggression ausagieren, weil man es sich nicht bewusst traut. Eine Studentin erzählte von einer Kommilitonin, die immer wieder Migräne hat. Dann tyrannisiert sie die anderen Studentinnen: Niemand darf mehr lachen oder laut sprechen. Alle müssen sich nach ihr richten. Natürlich ist es immer schwer, dieses Verhalten zu interpretieren. Aber die Studentin war nach außen freundlich und liebevoll. Sie traute sich nicht, aggressiv zu sein. Doch in ihrer Migräne lebte sie unbewusst diese Aggression aus. Doch ein solches Verhalten wirkt nicht nur destruktiv auf die migränekranke Studentin, sondern auch auf ihre Umgebung.

Therapeutische Lösungswege

Um aus therapeutischer Sicht eine Lösung zu finden, geht es zunächst einmal darum, das passiv-aggressive Verhalten zu erkennen und Situationen zu identifizieren, in denen es vor allem auftritt. Dazu kann man sich fragen: Wem gegenüber war ich passiv-aggressiv? Warum gerade gegenüber diesem Menschen? An wen oder was erinnert er mich? Was löst er in mir aus? Was war der Auslöser für mein Verhalten? Indem man die Situationen analysiert, in denen man passiv-aggressiv reagiert, wird man auch manche Ursachen dafür entdecken. Vielleicht ist es Neid, den man sich nicht traut zuzugeben. Oder man traut sich nicht, dem anderen seine wahren Gefühle zu zeigen.

In einem zweiten Schritt geht es darum, Verantwortung für sich und sein Verhalten zu übernehmen, anstatt sich hinter seinem passiv-aggressiven Verhalten zu verstecken. Eine wichtige Aufgabe bei der Heilung und Verwandlung der passiven Aggression besteht darin, die eigenen aggressiven Gefühle zu analysieren und sich ehrlich selbst wahrzunehmen. Statt die Gefühle zu unterdrücken, sucht man einen Weg, sie auszudrücken. Dann kann eine Beziehung auf Augenhöhe wachsen. Manchmal sind die Gefühle jedoch so stark, dass es helfen kann, sich zunächst aus der angespannten Situation herauszuziehen und erst einmal den Raum zu verlassen oder spazieren zu gehen. Dann kann man die Situation objektiver anschauen. Man kommt in Berührung mit sich selbst und kann erkennen, wie man angemessen auf andere reagieren könnte.

Biblische Lösungswege

Die biblische Geschichte, die von passiver Aggression handelt, ist aus unserer Sicht jene von Esau und seinem Zwillingsbruder Jakob. Die Geschichte von den beiden Brüdern steht in Genesis, Kapitel 27–33. Esau ist der vitale, nach außen hin stärkere Bruder, Jakob dagegen der schlauere, der seinen Bruder austrickst. Esau ist voller Wut auf Jakob, weil er ihn zweimal betrogen hat: Zunächst hat er ihm das Erstgeburtsrecht durch List abgekauft und sich dann mithilfe seiner Mutter Rebekka den Erstgeburtssegen erschlichen. Esau möchte seinen Bruder deswegen umbringen, seine Aggression ausleben. Jakob ist nach außen hin freundlich. Aber hinter seiner Strategie, den

Bruder auszutricksen, steckt auch Aggression. Er zeigt sie nicht, doch sie ist klar gegen seinen Bruder gerichtet. Laban, der Schwiegervater Jakobs, versucht ihn zu betrügen, indem er ihm nicht Rachel, die Jakob liebt, zur Frau gibt, sondern Lea. Jakob fügt sich, aber zuletzt rächt er sich an seinem Schwiegervater: Durch einen Trick nimmt er zwei Drittel seines Besitzes mit sich nach Hause. Auch hier ist die Aggression hinter einem scheinbar rein rationalen und schlauen Verhalten versteckt.

Auf dem Heimweg wird Jakob dann gemeldet, dass sein Bruder Esau ihm entgegenzieht. Jetzt bekommt er Angst. Nun muss er sich seiner eigenen Wahrheit stellen. Er ringt allein die ganze Nacht mit einem Mann. Die Bibel lässt es offen, ob es Gott ist oder ein Engel oder ein Feind. Auf jeden Fall muss sich Jakob dem Kampf stellen. Jetzt kämpft er offen mit seiner Aggression und mit seinen verdrängten Schattenseiten. Er wird von dem Mann an der Hüfte verwundet, aber auch von ihm gesegnet. So geht er verwandelt aus dem Kampf hervor. Er ist nicht mehr der Alte. Er hinkt, er geht langsamer und behutsamer. Und als er jetzt seinem Bruder Esau begegnet, können sich die beiden versöhnen. In beiden ist eine Verwandlung geschehen.

Wenn wir die Geschichte Jakobs und Esaus auf den Umgang mit Aggressionen beziehen, so können wir folgende Lösung daraus ersehen: Es hilft nicht weiter, diese hinter scheinbar rationalem Verhalten zu verstecken. Wir müssen uns unserer eigenen Wahrheit und das heißt unserer

Aggression stellen. Wir müssen sie zugeben. Dann werden wir erkennen, dass diese nicht nur dem gilt, dem wir mit unseren rationalen Tricks und Betrügereien schaden wollen. Jakob hat in seinem Bruder Esau letztlich seine Aggression gegenüber dem Vater ausagiert, weil er sich von ihm vernachlässigt fühlte. Daher ist es gut, genau zu beobachten, gegen wen sich unsere Aggression eigentlich richtet. Und dann gilt es, sich dieser und der Auseinandersetzung mit dem zu stellen, der der eigentliche Adressat ist. Es genügt dann nicht mehr, nach außen hin freundlich zu tun und die eigene Aggression hinter Intrigen und Winkelzügen zu verbergen. Irgendwann wird die Aggression für die ganze Umgebung erkennbar. Dann müssen wir uns ihr stellen. Wenn wir mit dem Gegner offen kämpfen, kann die Aggression sich verwandeln. Wir stellen uns der eigenen Wahrheit und lassen uns vom anderen die eigene Wahrheit aufdecken. Das klärt die Aggression und verwandelt sie. Jakob geht verwandelt aus dem nächtlichen Kampf hervor.

Fragen zum Umgang
mit passiver Aggression

Woher kommt passive Aggression?

Sie hat ihre Ursache in der Verdrängung der Aggressionen, die ich in mir spüre. Weil ich diese ablehne als etwas Schlechtes und als etwas, was meinem Selbstbild nicht entspricht, verdränge ich sie. Und so äußert sie sich in passiver Weise.

Was habe ich davon, passiv aggressiv zu sein?

Ich habe den Vorteil, dass ich nach außen hin immer korrekt und freundlich bin, dass ich an meinem Idealbild von mir festhalten kann, ein netter und umgänglicher Mensch zu sein. Und ich schütze mich vor den eigenen Aggressionen, vor denen ich Angst habe, weil ich von ihnen beherrscht werden könnte. Aber dieser scheinbare Vorteil wird zum Nachteil, weil ich letztlich von der passiven Aggression beherrscht werde.

Wie zerstört die passive Aggression die Beziehung zu anderen Menschen?

Sie verwirrt die Menschen in meiner Umgebung, weil diese sich mein Verhalten nicht erklären können. Und ich bewirke in anderen Aggressionen und letztlich Ablehnung. Das Ziel, immer freundlich zu sein, wird ins Gegenteil verkehrt: Die anderen erleben mich als schwierig und gehen mir lieber aus dem Weg.

Wie werde ich frei vom Mechanismus der passiven Aggression?

Ich werde von der passiven Aggression nur dann frei, wenn ich den Mut aufbringe, mich meinen wirklichen aggressiven Gefühlen zu stellen, indem ich versuche, sie ohne Angst anzuschauen und mich zu fragen, welchen Sinn sie haben. Ziel ist es, gut mit meinen Aggressionen umzugehen, anstatt mich von ihnen beherrschen zu lassen. Sie laden mich ein, mich besser abzugrenzen und den anderen als Spiegel für mich zu sehen, in dem ich mich selbst ehrlich anschauen kann.

3. Projektion

Ein weiterer Mechanismus, der unsere Beziehungen verfälscht und behindert, ist die Projektion. Der Begriff stammt vom lateinischen Wort *proicere* = vorwärts werfen, hervortreten lassen, hinwerfen. Projektion bedeutet also, ein Bild auf eine Leinwand zu werfen. Im zwischenmenschlichen Bereich geschieht das häufig. Wir sehen den anderen nicht so, wie er ist, sondern wir werfen über ihn ein Bild, das dann das ursprüngliche Bild entweder trübt oder verdunkelt oder ganz auslöscht. Wir sehen nicht mehr diesen Menschen, sondern nur noch das Bild, das wir über ihn geworfen haben, das wir uns von ihm gemacht haben.

Die Frage ist: Warum tun wir das? Und welche Bilder sind das? Wir können vier verschiedene Bilder unterscheiden: 1. unsere verdrängten Schattenseiten, 2. unsere Schuldgefühle, 3. Bilder unserer eigenen Lebensgeschichte, zum Beispiel das Vaterbild, das Mutterbild oder das Bild unseres Bruders oder unserer Schwester, 4. unsere Wünsche und Sehnsüchte.

Dass wir im anderen die eigenen verdrängten Schattenseiten sehen, meint: Wir projizieren das auf den anderen, was wir bei uns selbst nicht wahrhaben oder annehmen wollen. Was wir an unangenehmen Gefühlen verdrängen, gerät in den sogenannten Schatten. Wenn ich nicht bereit bin, mich meinen Schattenseiten zu stellen, dann projiziere ich sie unbewusst auf andere. Häufig bemerken wir das nicht einmal, aber mit meinen Schattenseiten verdunkle ich das Bild meines Gegenübers. Wenn es mir zum Beispiel unangenehm ist, mir meine eigenen narzisstischen Tendenzen einzugestehen, projiziere ich sie auf andere. Dann nehme ich überall narzisstische Menschen wahr. Wenn ich einem anderen begegne, projiziere ich meinen eigenen Narzissmus auf ihn. Das verfälscht dessen Bild. Ich sehe in ihm nur noch mein eigenes Bild. Projektion ist eine weit verbreitete Versuchung, das, was ich bei mir nicht annehmen kann oder will, auf den anderen zu werfen und es ihm vorzuwerfen. Ich projiziere das Bild, für das ich bei mir selbst blind bin, auf den anderen.

Oft werden meine Schattenseiten durch das Fehlverhalten anderer wachgerufen. Aber ich weigere mich, diese bei mir selbst anzunehmen. Ich rege mich über sie auf und klage sie an, wie unmenschlich sie sind. Für Carl Gustav Jung ist das Projizieren immer ein Zeichen, dass ich meinen Schatten nicht angenommen habe. Nach ihm hat der Mensch in sich stets zwei Pole: Liebe und Aggression, Verstand und Gefühl, Disziplin und Disziplinlosigkeit, Ordnung und Unordnung, Vertrauen und Angst, Stärken und Schwächen. Wenn ich nur die »Lichtseite« akzeptiere, aber den Gegenpol in mir nicht annehme, dann gerät dieser in den Schatten. Und ich übertrage ihn in der Begegnung auf andere: Weil ich meine Disziplinlosigkeit nicht annehme, meine ich, der andere sei disziplinlos. Oder weil ich mir selbst nicht traue, aus Angst, die Schattenseiten könnten mein Bild von mir erschüttern, werde ich misstrauisch anderen gegenüber. Von mir geht unbewusst ein tiefes Misstrauen aus, obwohl ich nach außen vermittle, dass ich jedem Menschen Vertrauen schenken möchte.

Jemand, der selbst gern im Mittelpunkt stehen möchte, schimpft auf einen anderen, weil er ihn für einen Egoisten hält, der nur um sich kreist und immer im Mittelpunkt stehen möchte. Wenn wir auf andere schimpfen, sollten wir uns fragen: Geht es dabei vielleicht eher darum, den Blick von meiner eigenen Wahrheit abzulenken? Hermann Hesse sagt einmal: »Was nicht in uns ist, das regt uns auch nicht auf.« Daher sollten wir unser Tratschen über die Fehler der anderen einmal genauer untersuchen, dann werden wir erkennen, dass wir eigentlich über uns selbst sprechen. Denn wir reden genau über die Fehler, die wir eigentlich selbst in uns tragen, aber uns nicht eingestehen wollen.

Die frühen Mönche kennen diesen Mechanismus. Da sieht ein Mönch einen anderen, der mit einer Frau Unzucht treibt. Er verurteilt ihn. Doch dann geht er näher an das Geschehen heran und erkennt, dass es sich eigentlich nur um einen Getreidehaufen handelt. Er hat seine eigene Fantasie, sexuellen Kontakt mit einer Frau zu haben, auf den

Getreidehaufen projiziert. Daher raten die Mönche: Wenn du einen anderen sündigen siehst, sage dir immer: »Ich habe gesündigt.« Das klingt für uns fremd. Doch darin liegt der gute Rat, den anderen als Spiegel für uns selbst zu sehen, in dem wir uns erkennen mit all den Seiten, die wir gerne verdrängen.

Der Mechanismus der Projektion ist in unserer Gesellschaft weit verbreitet. Wir sind nicht bereit, Menschen, die in der Öffentlichkeit stehen, wahrzunehmen, ohne sie zu bewerten. Wir entrüsten uns über sie, wenn die Medien etwas Negatives berichten. In Wirklichkeit projizieren wir unsere eigenen Schattenseiten, unsere eigenen verdrängten Wünsche und Bedürfnisse auf diese Menschen. Das hindert uns daran, der eigenen Wahrheit ins Auge zu sehen. Alles Entrüsten über andere ist nur ein Weg, die Augen vor der eigenen Wirklichkeit zu verschließen.

Dieser Mechanismus ist aber auch in der Kirche weit verbreitet. Da wird sich über Menschen aufgeregt, die die Gebote Gottes übertreten. Das Reden über die Sünden anderer bewahrt davor, die eigenen Sünden zu sehen. Wenn sich beispielsweise jemand leidenschaftlich gegen Abtreibung und Homosexualität einsetzt, steht dahinter auch die Frage, ob er seine eigenen homosexuellen Neigungen oder seine eigene Versuchung, abzutreiben, auf andere projiziert. Jeder Mensch hat homophile Seiten in sich. Wenn ich diese in mir ablehne, dann verurteile ich häufig alle homosexuellen Menschen und merke nicht, dass ich damit eigentlich nur meiner eigenen Wahrheit ausweiche.

Nach Carl Gustav Jung wird der Mechanismus der Projektion oft gerade im Verhältnis zwischen Mann und Frau deutlich. Er spricht davon, dass jeder Mensch männliche und weibliche Seelenanteile hat. Er nennt sie *animus* und *anima*. Wenn der Mann die *anima* nicht integriert, sondern ablehnt, äußert sich das beispielsweise in ständiger schlechter Laune, die er dann auf die Frau projiziert. Sie ist schuld, dass es ihm nicht gut geht oder er verärgert ist. Die Launen des Mannes verfälschen die emotionalen Beziehungen zu Frauen. Eine andere Weise, seine verdrängte *anima* zu projizieren, ist, dass Männer Frauen entwerten. Oft äußert sich die verdrängte *anima* in Gewaltausbrüchen gegenüber ihnen. Wenn dagegen Frauen den *animus* nicht integriert haben, dann drückt sich dies häufig in festgefahrenen Meinungen aus. Diese beruhen auf unbewussten Voraussetzungen und lassen sich daher nicht erschüttern. Sie werden zu unantastbaren Prinzipien, die nicht weiter hinterfragt werden. Jung schreibt: »Ohne es zu wissen, zielen solche Frauen bloß darauf hin, den Mann zu verärgern, womit sie dann dem *animus* umso völliger verfallen« (Jung, Gesammelte Werke 7, 229). Gerade in kirchlichen Kreisen erlebt man es häufig, dass Pastoren und Presbyter ihre *anima* nicht integriert haben und daher Frauen oft entwerten.

Das zweite Bild betrifft die Schuldgefühle. Da sie uns unangenehm sind, projizieren wir sie gerne auf andere. Wenn zum Beispiel bekannt wird, dass jemand Steuern hinterzogen hat, regen wir uns furchtbar darüber auf. Wir verurteilen dieses schamlose Verhalten und merken oft nicht, dass wir dabei nur unsere eigenen Schuldgefühle projizieren. Indem wir über die Schuld des anderen sprechen, brauchen wir uns der eigenen Schuld nicht zu stellen und verweigern die Schuldeinsicht. Manchmal projizieren wir unsere Schuldgefühle auf ganze Gruppen in unserer Gesellschaft: auf die Unternehmer, die nur ihren eigenen Vorteil sehen, auf die Ärzte, die ihre Fehler nie zugeben. In Wirklichkeit lenken wir durch dieses Schimpfen auf andere, auf Einzelne und auf Gruppen, von unserer eigenen Schuld ab. Denn wer von uns möchte nicht mehr Geld haben? Und wer von uns gibt so ohne Weiteres seine Fehler zu? Die frühen Mönche raten uns auch hier in dem, der schuldig geworden ist, einen Spiegel zu sehen. Die Schuld des anderen könnte also zu der Einsicht führen, dass wir alle irgendwie schuldig sind. Mangelnde Schuldeinsicht führt zur Projektion. Daher werden wir nur frei vom Projektionsmechanismus, wenn wir die eigene Schuld einsehen. Das gelingt aber nur, wenn wir uns von Gott bedingungslos angenommen fühlen.

Das dritte Bild stammt häufig aus unserer Lebensgeschichte. Ich kann zum Beispiel mein Vaterbild auf meinen Chef projizieren. Ich sehe dann in ihm Seiten, die er selbst gar nicht lebt. Aber aufgrund meiner Vatererfahrung projiziere ich sie auf ihn. Oder ich projiziere auf eine Kollegin, die sich sehr um ihre Mitarbeiter kümmert, das Bild meiner

Mutter, von der ich mich vereinnahmt gefühlt habe. Ich kann dann das Verhalten dieser Frau und die Frau selbst gar nicht objektiv beurteilen. Ich sehe in allem nur meine Mutter, die mir mit ihrer übertriebenen Fürsorge auf die Nerven ging. Auf einen anderen Mitarbeiter werfe ich das Bild meines Bruders, der mich oft ungerecht behandelt und entwertet hat. Und in eine Kollegin projiziere ich das Bild meiner Schwester, die mir immer vorgezogen wurde. Natürlich haben andere auch manchmal Eigenschaften, auf die ich dann die Bilder meiner Eltern oder meiner Geschwister projizieren kann, weil sie mit deren Verhalten oder Tun übereinstimmen. Aber ich werde dann den Menschen in meiner Umgebung nicht gerecht, sondern verfälsche ihre Wahrnehmung durch meine Projektion.

Das vierte Bild, das wir auf andere projizieren, ist das unserer Wünsche und Sehnsüchte. Diese Art von Projektion lässt sich häufig bei extremen Fans eines berühmten Menschen oder Anhänger eines geistlichen Führers beobachten, die ihr Idol bewundern oder als göttlich, als zweiten Jesus verherrlichen. Man bewundert den Star, um an seiner Größe teilzuhaben. Weil man sich selbst klein fühlt, projiziert man das, was einem selbst fehlt, auf einen Schauspieler, einen Sportler, einen Autor oder andere Menschen, die im Rampenlicht stehen. Im religiösen Bereich sind es entweder spirituelle Gurus, die zur Projektionsfigur werden. Oder es sind Priester, auf die viele ihre Wünsche nach Heiligkeit und besonders tiefer Frömmigkeit projizieren.

Therapeutische Lösungswege

Die Psychologie rät uns in diesem Fall, uns selbst ehrlich anzuschauen. Und sie lädt uns ein, immer dann, wenn wir uns heftig über andere aufregen, uns selbst zu fragen: Was spricht der andere in mir an? Ist etwas von dem, was mich beim anderen aufregt, nicht auch in mir selbst? Dann sollten wir das in aller Demut annehmen. Carl Gustav Jung zeigt uns Wege, die eigenen Schattenseiten anzunehmen. Dann werden wir langsam frei vom Mechanismus der Projektion. Den Schatten erkennen wir nach Carl Gustav Jung einmal in unseren heftigen Reaktionen anderer gegenüber, zum anderen in unseren Träumen.

Wenn uns im Traum etwas – ein Mensch oder ein Tier – verfolgt, ist das ein Bild für den eigenen Schatten. Das, was wir bei uns nicht angenommen haben, verfolgt uns. Wenn ein Mensch, den wir nicht klar erkennen können, uns verfolgt, ist es das Dunkle in uns, das wir nicht angenommen haben. Wenn es ein Tier ist, dann sollten wir uns fragen, ob wir unsere vitale Seite und die Instinktseite genügend in unser Leben integriert haben, denn Tiere stehen nach Carl Gustav Jung für unsere Vitalität und manchmal auch unsere Sexualität. In den Märchen sind die Tiere oft Helfer, sie verkörpern die Weisheit des Instinktes. Wenn uns im Traum eine Frau bedrängt, dann ist das ein Bild dafür, dass wir unsere *anima*, die weibliche Seite unserer Seele, nicht angenommen haben. Das, was uns verfolgt, will uns letztlich helfen. So wird der Schatten, wenn wir ihn annehmen, zu einer Quelle von Lebendigkeit und Vertrauen.

Jung ist überzeugt, dass den Verhaltensmustern, die wir bewusst leben, im Unbewussten immer auch eine konträre Einstellung entspricht. So sollten wir uns in aller Demut diesen konträren Einstellungen widmen. Jung nennt als Beispiel Musiker, die ein feines Gespür für die Musik haben, aber im Umgang mit anderen oft hart und grob sind, oder Priestern, bei denen hinter ihrer spirituellen Seite immer auch eine ganz weltliche Seite steht. Wir sollen also damit rechnen, dass wir nie nur fromm und gerecht und empathisch mit anderen sind, sondern dass in uns immer auch das Gegenteil in unserem Schatten verborgen liegt. Es geht darum, sich den gegensätzlichen Polen in uns zuzuwenden, den ungelebten Schatten anzunehmen und sich damit auseinanderzusetzen.

Biblische Lösungswege

Jesus hat das Thema der Projektion im Blick, wenn er in der Bergpredigt sagt: »Richtet nicht, damit ihr nicht gerichtet werdet! Denn wie ihr richtet, so werdet ihr gerichtet werden, und nach dem Maß, mit dem ihr messt und zuteilt, wird euch zugeteilt werden. Warum siehst du den Splitter im Auge deines Bruders, aber den Balken in deinem Auge bemerkst du nicht? Wie kannst du zu deinem Bruder sagen: Lass mich den Splitter aus deinem Auge her-

ausziehen! – und dabei steckt in deinem Auge ein Balken?«
(Matthäus 7,1–4).

In einem drastischen Bild zeigt Jesus, was in der Projektion geschieht: Wir sehen jeden kleinen Fehler am anderen, den kleinsten Splitter. Aber die eigenen Schattenseiten sehen wir nicht. Diese sind jedoch wie ein Balken im Vergleich zu dem Splitter, den wir im Auge des anderen sehen. Jesus spricht von Menschen, die einen genauen Blick haben für die Fehler ihrer Mitmenschen. Aber für die eigenen Fehler sind sie blind. Solange sie diese auf den anderen projizieren und sich über ihn aufregen, bleiben sie blind gegenüber sich selbst. Dann werden sie den Balken im eigenen Auge nicht erkennen. Jesus nennt die Menschen, die andere richten »Heuchler«: Sie machen sich selbst und anderen etwas vor. Jesus will den Einzelnen einladen, die eigene Wahrheit anzuschauen, statt über die Mitmenschen zu richten. Das Richten lenkt von einem selbst ab und führt dazu, ständig auf der Flucht vor sich selbst zu sein.

Für die frühen Mönche, die sogenannten Wüstenväter, war die Forderung Jesu, nicht zu richten, zentral. Sie ist die Bedingung, in sich selbst Ruhe zu finden und in Frieden mit sich zu kommen. So fragt Altvater Poimen den Altvater Joseph: »Sage mir, wie ich Mönch werde.« Er antwortete: »Wenn du Ruhe finden willst, hier und dort, dann sprich bei jeder Handlung: ›Ich – wer bin ich?‹ Und richte niemand!« (Apophthegmata 385). Man könnte diesen Satz verallgemeinern. Dann würde er bedeuten: Mein Leben wird nur gelingen, ich werde nur dann innerlich zur Ruhe kommen, wenn ich mich bei allem, was ich tue und sage, immer wieder frage: Ich – wer bin ich? Ich soll also mich selbst ehrlich anschauen mit all meinen Fehlern und Schwächen. Wenn ich ehrliche Selbsterkenntnis habe, dann werde ich nicht über andere richten. Denn ich werde erkennen, dass alles, was ich über diese sage, in mir selbst ist. Wenn ich das erkannt habe, werde ich meine Fehler nicht mehr auf den anderen projizieren. Ich werde vielmehr dessen Fehler als Spiegel sehen, in dem ich mich selbst erkenne. Der ehrliche Blick auf sich selbst befreit mich von der Tendenz zu richten.

Das bei den Wüstenmönchen so häufig anzutreffende Verbot, andere zu richten, zeigt, dass sie offensichtlich diese Tendenz in sich selbst genau kannten. Und sie wussten, dass allein das Verbot zu richten uns noch nicht von dieser Tendenz befreit. Daher entwickelten sie eine Übung, die man – so meinten sie – am besten ein ganzes Jahr lang üben sollte: Indem ich mich bei allem, was ich tue, frage: »Ich – wer bin ich?«, werde ich allmählich frei von der Tendenz, andere zu richten. Denn ich richte meinen Blick auf mich selbst. Und wenn ich mich selbst ehrlich anschaue, vergeht mir das Richten. Ich spüre, dass ich so, wie ich bin, von Gott angenommen bin. Das bedeutet aber auch, dass ich versuche, den anderen so anzunehmen, wie er ist, ohne mich über ihn zu stellen. Immer, wenn ich richte, erhebe ich mich über den anderen. Doch es geht darum, einander

zu helfen, die eigenen Schattenseiten zu erkennen und anzunehmen. Dann kann ein gutes Miteinander entstehen,
dann komme ich innerlich zur Ruhe. Solange ich richte,
kommen meine Gedanken nicht zur Ruhe. Ein Altvater
sagte daher einmal treffend zu einem Mönch: »Nach außen hin schweigst du, aber deine Gedanken reden ständig,
weil du ständig andere verurteilst.«

Es ist normal, dass wir andere bewerten. Sobald wir einen Menschen oder einen Gegenstand sehen, bildet sich
in unserem Innern ein Werturteil. Das können wir nicht
verhindern. Aber dann ist es unsere Aufgabe zu sagen:
»Ja, ich kenne diesen Gedanken, den anderen zu bewerten
oder zu entwerten. Aber es steht mir nicht zu. Ich weiß
nicht, wer der andere ist, wie er im Leben steht, was ihm
widerfahren ist. Und ich weiß, dass ich selbst nicht perfekt bin.« So nehme ich das Werten immer wieder zurück
und versuche, den anderen sein zu lassen, wie er ist. Ich
nehme ihn als Spiegel, in dem ich mich selbst ehrlich anschaue und erkenne.

Wenn wir andere verachten, dann verachten wir darin oft
die Seiten, die wir auch in uns wahrnehmen und an uns
selbst verachten. Um diesen Seiten in uns nicht zu begegnen, projizieren wir sie auf andere. Das zeigt auch die
Geschichte im Lukasevangelium, die von einem Pharisäer
und einem Zöllner erzählt, die beide in den Tempel gehen,
um zu beten. Der Pharisäer stellt sich zum Gebet hin. Aber
eigentlich betet er nicht zu Gott, sondern zu sich selbst.

Er dankt zwar Gott, dass er nicht so wie die anderen Menschen ist. Er benutzt ihn aber nur, um sich über andere zu stellen. Man könnte sagen: Er flieht vor seiner eigenen Wahrheit in die Grandiosität. Er schildert sich als frommen Menschen, der fastet und den zehnten Teil seines Vermögens den Armen gibt. Er ist stolz, dass er nicht wie »dieser Zöllner da« ist, den er verachtet. Durch sein Herabschauen auf den Zöllner wird er blind für seine eigene tiefere Wahrheit: Er ist blind dafür, dass er Gott nur dazu benutzt, sich selbst ins Licht zu rücken und sich als etwas Besseres zu fühlen. Der Zöllner, den der Pharisäer so sehr verachtet, traut sich gar nicht, in den Tempel einzutreten. Er bleibt hinten neben dem Eingang stehen. Er »wagte nicht einmal, seine Augen zum Himmel zu erheben, sondern schlug sich an die Brust und betete: Gott, sei mir Sünder gnädig!« (Lukas 18,13). Er schätzt sich also richtig ein: Er spürt, dass er an dem vorbeigelebt hat, was Gott ihm eigentlich zugetraut hat. Er konfrontiert sich mit der Wahrheit seines Lebens, mit seinen Schattenseiten. Indem er sich an die Brust schlägt, spürt er sich selbst. Und er bittet Gott, dass er ihm, dem Sünder, gnädig sei. Er betet wirklich zu Gott und bittet ihn um sein Erbarmen. Jesus fällt ein Urteil über die beiden Beter: Der Zöllner »kehrte als Gerechter nach Hause zurück, der andere nicht« (Lukas 18,14). Der Zöllner wurde seiner inneren Wahrheit gerecht, weil er sich realistisch einschätzte. Der Pharisäer dagegen wurde seinem Wesen als suchender Frommer nicht gerecht. Er projizierte alle seine Schattenseiten auf den Zöllner und kam sich auf diese Weise als besonders frommer Mensch vor. In Wirklichkeit aber verfehlte er sein Leben.

Wenn wir die zweite Geschichte nach der Lösung aus dem Projektionsmechanismus befragen, dann erkennen wir folgenden Weg: Es geht darum, demütig zu sein wie der Zöllner. Demut heißt im Lateinischen *humilitas*. Darin steckt das Wort *humus* = Erde. Der Demütige hat den Mut, in den Grund seiner Seele hinabzusteigen und die ganze Wahrheit seines Inneren wahrzunehmen. Wer den Mut hat, hinabzusteigen, auch in den Bereich, den Carl Gustav Jung den Schatten nennt, der steht mit beiden Füßen auf der Erde. Er steht zu sich, so, wie er ist. Das gibt ihm Gelassenheit und Zuversicht. Der Zöllner schlägt sich an die Brust. Er berührt sich selbst. Er ist in Beziehung mit sich, mit seinem Leib und seiner Seele. Das bewahrt ihn davor, das, was er bei sich nicht annimmt, auf andere zu projizieren. Der Pharisäer spürt sich selbst nicht. Er erzählt nur von seinen Großtaten. Er definiert sich nur über das, was er getan hat. Der Weg der Wandlung wäre also, sich aufzumachen, um sich selbst zu spüren. Dann komme ich in Berührung mit meiner Wahrheit und es vergeht mir die Lust, mich größer zu machen, mich aufzublähen. Wenn ich in Beziehung bin mit mir, komme ich auch in wirkliche Beziehung zu Gott. Der Pharisäer spricht zwar zu Gott. Aber eigentlich benutzt er ihn nur, um seine eigene Größe ins rechte Licht zu rücken. Statt vor dem geistigen Auge Bilder von sich zu entwerfen, gilt es, sich zu spüren. Dann spüre ich auch meine eigene Wahrheit und söhne mich mit ihr aus.

Die Bibel bietet uns eine dritte Geschichte an, um den Projektionsmechanismus zu veranschaulichen, wenn das Fehlverhalten anderer unsere unbewussten eigenen Bedürfnisse und Tendenzen offenbart: Einige Pharisäer bringen voller Entrüstung »eine Frau, die beim Ehebruch ertappt worden ist« (Johannes 8,3), zu Jesus. Für sie ist klar, dass sie zu verurteilen ist. Die Pharisäer selbst halten sich für gerechte und fromme Menschen, die niemals Ehebruch begehen würden. So erwarten sie von Jesus, dass er diese Frau steinigen lässt, wie es das Gesetz des Mose vorschreibt. Damit wollen sie Jesus auf die Probe stellen. Doch er lässt sich nicht provozieren. Er bückt sich zur Erde und schreibt in den Sand. Dann steht er auf und sagt den genialen Satz: »Wer von euch ohne Sünde ist, werfe als Erster einen Stein auf sie« (Johannes 8,7). Jesus urteilt nicht über die Frau, sondern er konfrontiert die Pharisäer mit ihrer eigenen Wahrheit. Sie sollten in sich nachforschen, warum sie sich so über diese Frau entrüsten. Dabei werden sie feststellen, dass sie selbst ähnliche sexuelle Wünsche haben, wie sie die Frau ausgelebt hat. Statt sie zu verurteilen, sollten sie ihre eigene Wahrheit, ihre unbewussten oder verdrängten sexuellen Bedürfnisse wahrnehmen und sie sich in aller Demut eingestehen.

Jesus ermöglicht der Frau die Schuldeinsicht, indem er sie nicht verurteilt, sondern sie bedingungslos annimmt.

»Er fragte sie: ›Hat dich keiner verurteilt?‹ Sie antwortete: ›Keiner, Herr.‹ Da sagte Jesus zu ihr: ›Auch ich verurteile dich nicht. Geh und sündige von jetzt an nicht mehr!‹« (Johannes 8,10f).

Weil Jesus die Frau nicht verurteilt, kann sie sich ihrer eigenen Wahrheit stellen. Aber zugleich vermittelt er ihre Würde und schenkt ihr die Hoffnung, dass ihr Leben gelingen kann.

Fragen zum Umgang
mit Projektion

Was ist die Ursache für den Mechanismus
der Projektion?

Die Ursache ist immer die Verdrängung der eigenen Schattenseiten. Ich möchte mich den Schattenseiten nicht stellen, weil sie mein Idealbild, das ich von mir habe, infrage stellen.

Was habe ich von der Projektion?

Der Vorteil ist, dass ich mich der eigenen Wahrheit nicht stellen muss. Ich halte mich weiterhin für einen reifen und disziplinierten, für einen spirituellen und perfekten Menschen. Und ich stelle mich damit über die anderen. Ich sehe ihre Fehler und Schwächen. Das bewahrt mich vor der ehrlichen Selbsterkenntnis und schmerzhaften Selbstbegegnung.

Wie zerstört und trübt der Mechanismus der Projektion meine Beziehungen?

Projektionen hindern mich daran, den anderen so zu sehen, wie er ist, und ihm in seiner Persönlichkeit zu begegnen. Ich sehe ihn immer nur durch die Brille meiner Projektionen. Diese Brille verdunkelt meine Sicht, weshalb keine wirkliche Beziehung möglich ist. Projektionen führen zudem zu Streitereien. Denn wenn ich dem anderen meine verdrängten Schwächen vorwerfe, versucht dieser sich zu rechtfertigen. Dann gibt es endlose Auseinandersetzungen, die jedoch nicht weiterführen, weil keiner von seiner Sichtweise abrückt.

Wie werde ich frei vom Mechanismus der Projektion?

Das gelingt nur, indem ich ehrliche Selbsterkenntnis übe. Wenn ein anderer Mensch mir unsympathisch ist oder ich Schwierigkeiten im Umgang mit ihm habe, kann ich mich fragen: Ist der andere wirklich so schwierig, dass ich mich von ihm abgrenzen und schützen sollte? Oder projiziere ich meine eigenen Probleme auf ihn und erlebe ihn deshalb als unsympathisch? Eine Projektion ist aber nie nur ein einseitiges Problem, denn meine Übertragungen haben auch im anderen einen Anknüpfungspunkt. Wenn mir ein Mensch unsympathisch erscheint, sollte ich mich daher fragen: Wie groß ist der Anteil an Projektion und wie groß ist der objektive Charakter des anderen an meiner inneren Ablehnung? Dann kann ich versuchen, die Beziehung zum anderen klären. Wenn ich beispielsweise das Gefühl habe, zwanzig Prozent meiner Ablehnung beruht darauf, dass der andere mich an meine eigenen Schattenseiten erinnert, dann kann ich mich mit gutem Gewissen abgrenzen und mir eingestehen: Aber achtzig Prozent von dem, was ich an Ablehnung spüre, liegt wirklich in der Eigenart dieses Menschen.

4. Minderwertigkeitskomplexe

Minderwertigkeitskomplex – ein psychologischer Begriff, den wir gerne in der Gesellschaft und in der Kirche verwenden. Der Wiener Psychologe Alfred Adler, der zeitgleich mit Sigmund Freud wirkte, hat den Begriff des Minderwertigkeitsgefühls geprägt. Zunächst ging er dabei von körperlicher Minderwertigkeit aus, spricht dann aber auch von psychischem Minderwertigkeitsgefühl. Die Psyche – so meint Adler – sucht nach Kompensation dieser Minderwertigkeit. Dies kann gelingen, wenn man sich anstrengt und etwas leistet. Das verwandelt das Gefühl von Minderwertigkeit. Aber es gibt auch Scheinkompensationen oder Kompensationen, die sich negativ auf den Einzelnen und auf unsere Beziehungen auswirken. Eine solche Scheinkompensation ist das Machtbedürfnis. Menschen mit Minderwertigkeitsgefühlen üben oft brutal Macht über andere aus. Doch das schadet nicht nur den Beherrschten, sondern auch dem Herrschenden, denn er bleibt in seiner Minderwertigkeit stecken. Viele Menschen in Führungspositionen, die sich minderwertig fühlen, gleichen das durch ihr autoritäres Verhalten aus. Ähnliches kann man auch in der Kirche beobachten. Pastoren, die sich minderwertig fühlen, verstecken sich hinter der Autorität ihres Berufsbilds. Eine andere Scheinkompensation ist, dass ich andere ständig entwerte und kleinmache. Weil ich mich selbst minderwertig fühle, muss ich die anderen kleinmachen, damit ich an meine eigene Größe glauben kann. Eine dritte Form, auf Minderwertigkeitsgefühle zu reagieren, ist, dass wir in die Opferrolle schlüpfen. Gerade in Partnerschaften kommt es häufig vor, dass sich einer von beiden minderwertig gegenüber dem anderen fühlt – weil er oder sie besser gebildet ist oder mehr Geld verdient. Dann fühlt sich der andere oft als Opfer, weil man ihm vielleicht keine Bildung ermöglicht hat. Und manchmal wird ein Partner auch zum Täter, indem er den anderen entweder beschimpft oder ihm gegenüber sogar gewalttätig gegenüber wird.

Eine vierte Form der Scheinkompensation ist die Flucht in die Grandiosität: Weil ich meine Minderwertigkeit nicht annehmen und aushalten kann, flüchte ich in überhöhte Selbstbilder – in profaner oder spiritueller Sicht. Auf der weltlichen Ebene fühlt man sich dann als Genie, das alle Probleme löst, oder als der fähigste Mitarbeiter, der genialste Fußballspieler ... Dass man dieses Genie nicht wirklich in der Arbeit sichtbar werden lassen kann, liegt dann am Vorgesetzten oder am Arbeitgeber oder am Trainer. Auf der spirituellen Ebene flieht man in grandiose Bilder des Heiligen, des erleuchteten Menschen, des begnadeten Mystikers oder auch des Propheten, der der Welt auf neue Weise die Botschaft Jesu verkündet, oder gar als

Erlöser, der die Welt retten kann. Die Flucht in die Grandiosität kann sich auch so darstellen, dass man für einen Star schwärmt und sich mit ihm identifiziert – ein genialer Fußballer, eine Schauspielerin oder Sängerin oder ein spiritueller Guru. Viele erwarten davon eine Stärkung ihres Selbstwertgefühls. Es ist aber nur ein geliehenes Gefühl, das nicht wirklich stark macht. Im Gegenteil, es macht eher abhängig vom Idol.

Minderwertigkeitsgefühle entstehen, wenn man sich als Kind nicht genügend gesehen fühlt, wenn man keine Wertschätzung erfährt, wenn einem ständig vermittelt wird, dass man nichts kann, nichts wert ist, den Erwartungen der Eltern nicht genügt. Der Psychologe Joseph Rattner schreibt: »Kinder, die im Schatten stehen, zurückgesetzte, arme, uneheliche, unerwünschte und misshandelte Kinder spielen sich zu Machtmenschen auf, die notfalls über Leichen gehen« (Rattner, Individualpsychologie, 39). Das Minderwertigkeitsgefühl kann dann in einem schuldhaften Verhalten ausagiert werden. Es gibt verschiedene Methoden der Macht. Sie muss sich nicht immer als brutale Energie zeigen, sondern kann auch durch Hilflosigkeit oder andere eher passiv-aggressive Methoden ausgeübt werden (siehe oben).

Jeder kennt Menschen, die unter Minderwertigkeitskomplexen leiden. Vielleicht einen Vorgesetzten, der sich minderwertig fühlt und deshalb ständig die Mitarbeiter kleinmacht. Er kritisiert sie scharf, wirft ihnen vor, dass sie nichts können, dass sie unfähig sind, ihre Arbeit zu bewältigen. Er verletzt sie mit seinen Äußerungen, denn dann fühlt er sich stärker. Er spürt, dass er mit seinen verletzenden Worten etwas bewirkt in den Menschen, dass er Macht über sie ausübt. In Wirklichkeit isoliert er sich mit seinem Machtgehabe nur noch mehr von den Mitarbeitern und fühlt sich dann nicht akzeptiert. Das verstärkt sein Gefühl, minderwertig zu sein.

Oder im Freundeskreis: Da gibt es einen, der ständig von sich erzählen und sich in den Mittelpunkt stellen muss. Was er tut, das ist nach seinen Worten immer wunderbar, erfolgreich und wird von den Menschen bewundert. Doch mit seinem Drang, ständig von seinen Großtaten zu erzählen, geht er allen Freunden mehr und mehr auf die Nerven, sodass sie ihn nicht mehr gerne zu ihren Treffen einladen. Er gerät mit seinen übertriebenen Versuchen, seine Minderwertigkeit zu kompensieren, immer mehr in die Isolierung.

Therapeutische Lösungswege

Die Heilung des Minderwertigkeitsgefühls ist möglich, wenn wir es schaffen, ein gesundes Selbstwertgefühl zu entwickeln. Das gelingt aber nur, wenn wir uns zuerst von unseren Größenfantasien verabschieden. Wir müssen betrauern, dass wir so sind, wie wir sind, dass wir diesen Leib haben, dass wir diese Bildung und Begabung haben, dass wir diesen Beruf haben, diese Fähigkeiten, aber auch unsere Grenzen in Bezug auf all das. Nur wenn wir uns so annehmen, wie wir sind, und wenn wir unseren wahren Wert erkennen, der unabhängig von Bildung, Aussehen und Erfolg ist, kann der Minderwertigkeitskomplex geheilt werden. Manchmal kann es dabei auch eine Hilfe sein, sich im Studium oder im Beruf besonders anzustrengen, um erfolgreich zu sein, oder auf anderer Ebene mit Energie etwas erreichen zu wollen. Das kann das eigene Selbstwertgefühl stärken. Das Minderwertigkeitsgefühl wird dann aber vielleicht trotzdem auftauchen. Dann muss man versuchen, es anzunehmen, es als Impuls zu verstehen, etwas aus dem eigenen Leben zu machen.

Ein Weg, die eigene Minderwertigkeit zu überwinden, besteht darin, sich an gute Erfahrungen zu erinnern, an Menschen, die einem Werte vermittelt haben, die einen bedingungslos angenommen haben, an all das, was uns schon gelungen ist. Die Psychologie sagt uns: Wir sollten aufhören, uns mit anderen zu vergleichen, sondern zu uns stehen, so, wie wir sind. Dann gewinnen wir mit der Zeit ein gutes Selbstwertgefühl.

Biblische Lösungswege

Lukas erzählt in seinem Evangelium eine Geschichte, die typisch ist für Menschen mit Minderwertigkeitskomplexen (Lukas 19,1ff). Es ist die Geschichte vom Oberzöllner Zachäus, Er ist »klein von Gestalt«, wie es in der Bibel heißt, und sehr reich. Man kann sich vorstellen, dass er seine Minderwertigkeit, die von seiner kleinen Gestalt herrührte, zu kompensieren versuchte, indem er möglichst viel Geld verdiente. Damit wollte er gesehen und anerkannt werden. Doch er erreichte gerade das Gegenteil: Von den Pharisäern, der religiös bestimmenden Gruppe im Judentum, wird er als »Sünder« bezeichnet, und seine übrigen Mitmenschen wollten mit ihm ebenfalls nichts zu tun haben, weil er gemeinsame Sache mit der Besatzungsmacht, den Römern, machte. Darunter litt er sehr. Jetzt hatte er von Jesus gehört. Und irgendetwas hatte ihn daran berührt, hat seine Sehnsucht wachgerufen, anders zu leben. So klettert er auf einen Maulbeerfeigenbaum. Er wollte sich hinter den großen Blättern verstecken und Jesus genau beobachten. Doch der sah ihn, nahm ihn wahr. Er blieb stehen und schaute zu ihm auf. Im Griechischen steht hier *anablepo*, das bedeutet: »zum Himmel aufsehen« und meint ein spirituelles Sehen. Jesus sieht in dem Menschen, den die anderen als Sünder bezeichneten, den Himmel. Er sieht dessen Sehnsucht nach etwas Größerem, die Sehnsucht nach dem Guten, nach Gott. Jesus sieht Zachäus so an, dass er seine Schuld einsehen kann, die er im Kompensationsversuch seines Minderwertigkeitsgefühls auf sich geladen hat. Das Ansehen Jesu führt bei Zachäus einmal zur Schuldeinsicht, aber auch zur Krankheitseinsicht. Er kann nun akzeptieren, dass er Minderwertigkeitskomplexe hat. Aber da er sich mit seiner Minderwertigkeit annimmt, verwandelt sich sein Gefühl. Nicht ein Vorwurf führt zur Schuldeinsicht und Krankheitseinsicht, sondern das Ansehen. Das Ansehen ohne Vorwurf leitet die Verwandlung des Zachäus ein.

Der zweite Schritt der Verwandlung geschieht durch das Wort Jesu. Er kritisiert den Oberzöllner nicht, sondern spricht ihn einfach an: »Zachäus, komm schnell herunter! Denn ich muss heute in deinem Haus zu Gast sein« (Lukas 19,5). Jesus traut dem Zachäus etwas zu. Er bewertet sein Verhalten nicht und wirft ihm nicht seine Fehler vor. Stattdessen möchte er sein Gast sein.

Das ist der dritte Schritt der Verwandlung: Jesus möchte einfach mit ihm zusammen Mahl halten. Mit einem Menschen zu essen, das bedeutet in der Antike: Ich möchte Gemeinschaft mit ihm erfahren. Ich interessiere mich für ihn. Ich bewerte ihn nicht. Diese drei Schritte verwandeln den Oberzöllner. Jetzt ist er bereit, die Hälfte seines Vermögens den Armen zu geben, und denen, die er betrogen hat, möchte er es vierfach erstatten. Darin beschämt er die Pharisäer, die sich darüber aufregen, dass Jesus mit den Zöllnern isst und trinkt. Jesus verwandelt den Zachäus nicht durch Moralisieren, sondern indem er ihn liebevoll ansieht. Jetzt erkennt Zachäus den Mechanismus des Minderwertigkeitskomplexes und muss ihn nicht mehr ausagieren, indem er möglichst viel Geld anhäuft, sondern er wird frei davon. Er vermag seine Schuld einzusehen. Und diese Einsicht führt zu einem neuen Verhalten. Die Schuldgefühle, die die Pharisäer dem Zachäus vermittelt hatten, haben ihn nicht verwandelt. Doch die bedingungslose Annahme durch Jesus hat das Gute in ihm geweckt.

Jesus spricht zweimal in dieser Geschichte vom »Heute«: »Heute möchte ich dein Gast sein.« Und: »Heute ist diesem Haus Heil widerfahren.« Der Evangelist Lukas will damit sagen: In jeder Eucharistiefeier geschieht heute das, was damals geschehen ist. Da schaut Jesus zu mir auf und sieht in mir den Himmel, die Sehnsucht nach Gott. Und er traut mir etwas zu. Er möchte einfach Gemeinschaft mit mir erfahren. So will Jesus meine eigenen Minderwertigkeitsgefühle in der Eucharistiefeier auflösen.

Aber das Verhalten Jesu ist ebenfalls eine Einladung, dass ich mit seinen Augen auf die Menschen schaue und auch in denen, die mir auf die Nerven gehen, weil sie sich ständig in den Mittelpunkt stellen müssen, den Himmel erkenne, ihre Sehnsucht nach Gott wahrnehme.

Lukas zeigt uns einen guten Weg auf, wie wir aus dem Minderwertigkeitsgefühl herauskommen können. Einerseits brauchen wir dazu Menschen, die uns bedingungslos annehmen, die uns etwas zutrauen und zusprechen. Und wir brauchen Menschen, die uns auf Augenhöhe begegnen, statt uns zu bemitleiden oder sich uns in anderer Weise überlegen fühlen. Es tut uns gut, wenn wir Menschen begegnen, die uns nicht verurteilen, die uns nicht unsere negativen Kompensationsversuche vorwerfen, sondern uns vertrauen. Dann lernen wir langsam, uns selbst zu vertrauen und uns von unseren Minderwertigkeitsgefühlen zu lösen. Wer an Minderwertigkeitsgefühlen leidet, braucht also andere Menschen, die ihm helfen, davon frei zu werden. Aber er muss auch selbst etwas tun. Zachäus lässt sich von Jesus aus seinem Versteck hervorlocken. Er steigt herunter vom Baum und stellt sich seiner Wahrheit. Er stellt sich vor Jesus hin und er lässt sich auf das ein, was er ihm zutraut und zusagt. Er ist bereit, seine Schuld und seine Minderwertigkeitsgefühle zuzugeben. Dann lässt er sich darauf ein, mit Jesus und anderen Zöllnern Mahl zu halten. Er lässt sich also auf die Gemeinschaft ein. Für den Psychologen Alfred Adler geschieht die Heilung des Minderwertigkeitsgefühls durch das Gemeinschaftsgefühl, oder, wie er es später nennt: in der Mitmenschlichkeit. Zachäus ist bereit, seine Beziehung zu den Menschen zu verwandeln. Er feiert gemeinsam mit anderen. Jetzt muss er sich nicht mehr über sie stellen, sondern genießt im Fest das Miteinander.

Die Geschichte vom Oberzöllner Zachäus zeigt uns noch einen anderen Weg auf: In Jesus nimmt Gott selbst den Zachäus bedingungslos an. Manche Seelsorger und Seelsorgerinnen sagen: Gott befreit dich vom Minderwertigkeitsgefühl, weil er dich bedingungslos annimmt. Das stimmt sicher. Aber die Frage ist, wie ich dieses bedingungslose Angenommen-Werden von Gott erfahren und spüren kann. Der abstrakte Glaube, dass Gott mich annimmt, verwandelt mich noch nicht. Doch wenn ich mich im Gebet mit all meinen Minderwertigkeitsgefühlen immer wieder Gott hinhalte und mir Worte der Bibel vorsage, dann erlebe ich, dass ich vor Gott einfach sein darf. Ich kann das Wort Gottes über Jesus, das mir in der Taufe zugesprochen wurde, mir immer wieder vorsagen: »Du bist mein geliebter Sohn, meine geliebte Tochter, an dir habe ich meinen Gefallen.« Es braucht oft lange Zeit, bis dieses Wort so in unsere Seele eindringt, dass es unsere Minderwertigkeitskomplexe auflöst und uns von Herzen daran glauben lässt, dass wir wirklich bedingungslos angenommen sind.

Fragen zum Umgang
mit Minderwertigkeitsgefühlen

Woher kommen die Minderwertigkeitsgefühle?

Sie haben ihren Grund einmal in mangelnder Wertschätzung in der eigenen Familie. Wenn ich immer für langsam, schwierig und unbegabt gehalten werde, bilden sich in mir starke Minderwertigkeitsgefühle. Eine andere Ursache ist das Vergleichen. Wenn die Eltern ständig auf andere Kinder verweisen, dann werde ich mich auch als Erwachsener ständig vergleichen und mich anderen gegenüber als minderwertig erleben.

Was habe ich von meinen Minderwertigkeitsgefühlen?

Minderwertigkeitsgefühle halten mich davon ab, das Leben zu wagen. Ich gehe kein Risiko ein, weil ich mir nichts zutraue. Ich lebe also auf Sparflamme. Das hat den Vorteil, dass ich keine Verantwortung übernehmen muss. Ich traue mir ja nichts zu. Es kann zu einer Ausrede werden, mich weder im Leben noch bei der Arbeit zu engagieren.

Wie zerstören Minderwertigkeitsgefühle die Beziehungen?

Minderwertigkeitsgefühle führen oft dazu, dass ich mich mit dem Menschen vergleiche, der mein Freund oder mein Partner ist. Ich werfe dem anderen dann ständig vor, dass er es leichter im Leben hat, dass er von allen bewundert wird. Das führt oft entweder zu Aggression oder Hilflosigkeit. Man findet dann keine Worte mehr. Selbst wenn ich den anderen lobe, kann er es häufig nicht annehmen. Er beklagt ständig seine Minderwertigkeit. Das kann eine Beziehung sehr belasten.

Wie kann ich frei werden von meinen Minderwertigkeitsgefühlen?

Eine Hilfe ist, das Vergleichen aufzugeben. Eine zweite, mich mit meinen Stärken und Schwächen anzunehmen. Ich versuche dankbar zu sein für meine Person, für meine Stärken, für das, was mir bisher schon gelungen ist. Und ich erlaube mir, so zu sein, wie ich bin. Gleichzeitig möchte ich mich weiterentwickeln und weiterwachsen. Ich erkenne meine unantastbare Würde, die mir Gott verliehen hat.

5. Unklare und angemessene Formen der Abgrenzung

Eine Forderung, die wir oft von Psychologen hören, ist: »Grenze dich besser ab. Gib den anderen nicht so viel Macht über dich.« Gerade wenn wir uns über andere ärgern, wird uns das oft geraten. Aber wie geht das: sich abgrenzen? Isoliere ich mich? Verweigere ich die Beziehung zu anderen?

Ein schönes Bild für das, was mit Abgrenzung gemeint ist, ist die Schale: Ich sehe in eine Schale mit Wasser. Auf dem Boden ist eine Schicht Erde. Wenn das Wasser ruhig ist, ist es klar und ich kann bis auf den Grund schauen. Doch wenn jemand von außen an meine Schale stößt, dann wird die Erde aufgewühlt und das Wasser wird trüb. Wenn jemand mich ärgert, dann löst er in mir negative Gefühle aus. Im übertragenen Sinn wird mein Wasser trüb. Sich abzugrenzen würde bedeuten, dass ich die Schale in Distanz zum anderen bringe, sodass er sie nicht mehr anstoßen kann. Dann wird das Wasser wieder klar. Der andere löst in mir eine Emotion aus. Aber es ist meine Verantwortung, wie ich mit dieser Emotion umgehe. Wenn ich mich abgrenze von dem, der meine Emotion auslöst, dann hat der andere keine Macht mehr über mich und ich finde wieder zu meiner inneren Ruhe. Ich muss mich aber auch von meiner eigenen Emotion abgrenzen, indem ich die Schale ruhig halte, sodass die Emotion sich setzen kann. Sonst würde sie mein Inneres immer mehr trüben. Eine Weise, mich von der Emotion des anderen abzugrenzen, ist, dass ich meine Schale fester werden lasse. Wenn es zum Beispiel eine dicke Steinschale ist, kann der Stoß das Wasser nicht mehr so leicht trüben. Es bleibt ruhig. Wenn ich lerne, mehr bei mir zu sein und mich von anderen nicht so leicht aus meiner Mitte herausreißen zu lassen, dann wird meine Schale gleichsam zur Steinschale, die das Wasser immer ruhig und klar sein lässt.

Abgrenzen heißt jedoch nicht, die Beziehung zum anderen aufzugeben. Im Gegenteil: Wenn ich eine feste und starke Schale habe, kann ich mich offen dem anderen zuwenden, ohne Angst, dass er ständig mein Wasser aufwühlt. Durch das Abgrenzen wird die Beziehung zum anderen freier und authentischer. Jeder bleibt er selbst und begegnet dem anderen in seiner Andersheit. So können wir uns gegenseitig ergänzen und bereichern. Aber wir haben keine Angst mehr, ständig verletzt zu werden oder von Emotionen überschwemmt zu werden. Wir nehmen die Emotionen des anderen wahr, aber wir lassen unsere Schale nicht von diesen anstoßen, sodass sie uns aus der Ruhe bringen.

Trotz allem guten Willen wird unsere Schale immer wieder einmal von den Emotionen anderer angestoßen werden. Dann ist es unsere Verantwortung, dass wir durch die Stille oder durch eine spirituelle Übung die Schale wieder zur Ruhe bringen und unser Wasser wieder klar wird. Die Spiritualität – so könnte man sagen – stärkt die Schale, sodass der andere mich nicht mehr so leicht durcheinanderbringen kann.

Abgrenzung betrifft verschiedene Lebensbereiche. Der erste ist, mich gegenüber Anfragen und Bitten anderer abzugrenzen und dabei meine eigene Grenze zu beachten: Wie viel kann ich leisten und wie viel will ich leisten? Warum kann ich nicht Nein sagen? Habe ich Angst, dann nicht so beliebt zu sein? Hier geht es darum, dass jeder sein Maß findet, das für ihn stimmt.

In den Beziehungen zu anderen Menschen können wir unterscheiden zwischen einer Beziehungsgrenze und einer Emotionsgrenze. Die Beziehungsgrenze spielt eine Rolle in Bezug auf Menschen, mit denen ich nicht so eng verbunden bin, zum Beispiel Mitarbeitern und Mitarbeiterinnen am Arbeitsplatz, Menschen in der Gemeinde, Menschen, die gerne mit mir zusammenarbeiten möchten. Wenn ich mich von diesen abgrenze, fälle ich kein Werturteil über sie. Ich nehme nur meine eigenen Gefühle ernst und gestehe mir ein, dass sie mir nicht guttun, dass ich nicht näher mit ihnen zusammen sein oder zusammenarbeiten möchte. Wenn ich mich von ihnen abgrenze, werde ich innerlich frei von ihnen. Ich kreise nicht ständig um diese schwierigen Menschen, sondern ich halte einen gesunden Abstand. Ich löse den Kontakt zu ihnen nicht auf, sondern begegne ihnen weiterhin freundlich und offen. Aber zugleich spüre ich: Ich lasse die anderen nicht in mich eindringen. Ich schütze mich vor ihrer negativen Ausstrahlung und ihren aggressiven Gefühlen. Ich nehme ihre Gefühle wahr, lasse sie aber bei ihnen. Ich kündige die Beziehung nicht auf. Aber ich grenze mich gut ab. So kann ich auch mit schwierigen Menschen auskommen, ohne dass ich mich selbst unter Druck setze, ich müsste mich mit ihnen gut verstehen, mehr mit ihnen teilen. Es genügt, wenn ich die anderen achte und sie in ihrer Person würdige, ohne sie näher an mich heranzulassen.

Natürlich gibt es auch bei der Beziehungsgrenze Formen, die weder mir noch dem Menschen guttun, von dem ich mich abgrenze, weil sie Beziehungen zerstören. Wenn die Abgrenzung darin besteht, dass ich mit dem anderen nichts zu tun haben will, dass er für mich gleichsam gestorben ist, dann verweigere ich die Beziehung. Diese Formen der Abgrenzung erleben wir in unserer Gesellschaft häufig, wenn Menschen beispielsweise nur um sich und ihre Bedürfnisse kreisen. Anderen gegenüber sind sie gleichgültig. Das wäre dann keine Abgrenzung mehr, sondern Kontaktabbruch. Echte Abgrenzung hat immer auch mit Achtung des anderen zu tun.

Um Emotionsgrenzen geht es vor allem in Beziehungen, in denen wir uns eng verbunden fühlen, also beispielsweise zwischen Eltern und Kindern oder Partnern. Es ist eine Kunst, sich so abzugrenzen, dass die Beziehung nicht gefährdet wird, sondern im Gegenteil zu einer reifen und zugleich freien Beziehung wird. Eine gute Familie zeichnet sich dadurch aus, dass verlässliche Beziehungen zwischen den Eltern und Kindern entstehen, dass die Kinder eine sichere Bindung erfahren. Wo diese verlässliche Beziehung nicht vorhanden ist, klammert sich das Kind an einen Elternteil. Oder es isoliert sich, um sich vor der Enttäuschung zu schützen. Doch dann wird das Kind später auch keine tragende Beziehung eingehen können. Es grenzt sich von allen ab. Das tut ihm nicht gut.

Wenn das Kind eine gute Beziehung zu den Eltern entwickeln konnte, dann ist es seine Aufgabe, im Lauf des Erwachsenwerdens diese Bindungen zu lösen und sich in einer guten Weise von den Eltern abzugrenzen. Das bedeutet nicht, dass die Kinder die Beziehung zu den Eltern aufkündigen, sondern dass sie die Eltern weiterhin würdigen für das, was sie ihnen gegeben haben, aber auch den Mut haben, ihr eigenes Leben zu leben. Das braucht eine gewisse Abgrenzung.

Aber nicht nur die Kinder haben die Aufgabe, sich von den Eltern abzugrenzen, sondern auch die Eltern den Kindern gegenüber. Es ist eine Kunst, auf der einen Seite die Verantwortung für die Kinder zu übernehmen, sie zu erziehen und zu begleiten. Auf der anderen Seite müssen sie erspüren, wo sie die Grenzen der Kinder überschreiten, beispielsweise, wenn sie sich ständig in die Entscheidungen der Kinder einmischen. Es gibt hier keine ideale Lösung. Aber die Eltern sollten ein gutes Gespür dafür entwickeln, wann welche Form von Abgrenzung angemessen ist und wann mehr Zuwendung und Nähe den Kindern guttun würde.

Der schwierigste Bereich in Bezug auf das Abgrenzen ist die Partnerschaft und die Freundschaft. Je näher wir einander stehen, desto komplizierter wird das Abgrenzen. Wenn der Partner mich verletzt, dann ist es gut, wenn ich versuche, mich abzugrenzen und mir vorzustellen: Ich lasse das verletzende Wort jetzt beim ihm. Ich versuche zu verstehen, was er damit bezweckt hat. Vielleicht ist das verletzende Wort nur ein Hilfeschrei, dass ich den anderen ernst nehme. Auf keinen Fall kann ich mich in der Weise abgrenzen, wie ich das mit Menschen am Arbeitsplatz tue, indem ich sage: Das ist sein Problem. Dann würde ich die Beziehung verweigern. Ich würde mich einigeln, sodass der andere mich nicht mehr erreichen kann. Das verletzende Wort ist immer unser gemeinsames Problem. Zum einen drückt es den Zustand aus, in dem sich der verletzende Partner gerade befindet. Das kann mir nicht gleichgültig sein. Zum anderen macht die Kränkung etwas mit mir. Abgrenzung heißt nicht, dass ich eine Mauer um mich herum baue. Denn das wäre der Tod der Beziehung. Die Kunst ist, sich in der Verletzung auf seine Mitte zurückzuziehen, aber trotzdem die Beziehung zum anderen aufrechtzuerhalten. Oft reißt mich das verletzende Wort aus meiner Mitte heraus. Ich will mich dann sofort rechtfertigen oder ich gehe zum Gegenangriff über. Dann gebe ich die Verletzung zurück und daraus entsteht ein Teufelskreis. Abgrenzen heißt, die verletzenden Worte und die hitzige Situation wahrzunehmen und sich herauszuziehen, um mit einem guten Abstand genauer anzuschauen, was da gerade zwischen den Beteiligten abläuft. Dann nehme ich die Verletzung nicht zu persönlich. Ich verstehe, dass der andere sich gerade verletzt oder vernachlässigt fühlt. Daher will er mich provozieren. Oder seine Verletzung ist ein Hilfeschrei: Schau doch endlich genau hin, wie es mir geht! Sich vom Partner oder von der Partnerin abzugrenzen heißt daher, von einer gesunden Distanz aus das zu analysieren, was gerade geschieht, und zugleich zu einer besseren und klareren Beziehung zu finden.

Therapeutische Lösungswege

In der psychologischen Begleitung lernen Menschen häufig, sich gut von anderen und vor allem von den Eltern abzugrenzen. Dazu gehört wesentlich, auch einmal Nein zu sagen. Doch warum fällt es überhaupt so vielen schwer, etwas abzulehnen? Einige haben Angst, dann nicht mehr beliebt zu sein, wenn sie der Bitte eines Freundes oder einer Freundin, einer Nachbarin oder eines Bekannten nicht nachkommen. Oder sie haben Angst, den anderen damit zu verletzen. Doch ein gutes Nein verletzt nie. Um dazu fähig zu werden, muss ich zuerst in aller Demut meine Bedürftigkeit annehmen: Ja, ich bin bedürftig nach Liebe, Zuwendung und Anerkennung. Nur wenn ich mir dieses Bedürfnis eingestehe, kann ich es auch relativieren. Und dann gelingt es mir leichter, Nein zu sagen.

Ein weites Feld, auf dem wir die Abgrenzung einüben müssen, ist das der Erwartungen. Wir werden ständig mit Erwartungen konfrontiert. Manche stöhnen darüber, dass alle etwas von ihnen erwarten. In der Therapie lernt man, das dankbar anzuerkennen. Denn es zeigt, dass ich gesehen und ernst genommen werde. Aber zugleich lernt man, sich den Erwartungen gegenüber frei zu fühlen. Ich kann dann so reagieren: »Ich freue mich, dass du von mir dies oder jenes erwartest. Aber leider kann ich die Erwartung nicht erfüllen.« Dabei muss ich gar nicht begründen, warum das so ist, denn dann versucht der andere vielleicht, das zu hinterfragen und ich muss nach immer neuen Gründen suchen. Es ist gut, dass Menschen Erwartungen an mich haben. Aber ich bin frei zu entscheiden, welche davon ich erfüllen möchte und welche nicht. Diese Klarheit führt zu echten und intensiveren Beziehungen.

Ein Beispiel aus meiner eigenen Erfahrung: In einer Supervision beklagte ich mich darüber, dass ich so viele Anfragen für Vorträge und Gespräche bekomme. »Alle wollen etwas von mir!«, sagte ich. Der Supervisor antwortete: »Warum regst du dich auf, dass viele etwas von dir wollen und dir ihre Erwartungen mitteilen? Das ist doch ein gutes Zeichen, dass du gefragt und gebraucht wirst. Aber du bist frei, die Erwartungen anzuhören und dann Nein zu sagen. Nicht die anderen sind schuld, dass du dich bedrängt fühlst, sondern du selbst, weil du doch zu allen, die dich anfragen, eine gute Beziehung und ihre Zuwendung und Anerkennung möchtest.«

Da wurde mir klar, dass es an mir liegt, wenn ich mich von den Erwartungen anderer bedrängen lasse. Nur ich selbst hindere mich daran, Nein zu sagen. Inzwischen gelingt es mir besser, mich abzugrenzen. Eine Hilfe ist mir dabei eine Überlegung, die sich bewährt hat: Beim ersten Telefonieren bedanke ich mich sehr freundlich für die Anfrage. Aber dann sage ich: »Ich muss erst noch in aller Ruhe im Kalender nachsehen, was möglich ist. Morgen gebe ich Ihnen Bescheid.« Im Anschluss daran höre ich gut auf meine Gefühle: Will ich das wirklich? Oder fühle ich mich nur gedrängt? Bin ich zu feige, Nein zu sagen? Was möchte ich eigentlich? Am nächsten Tag kann ich dann leichter und mit innerer Ruhe und Freundlichkeit Nein sagen, wenn es für mich nicht passt. Meistens wird das auch akzeptiert. Wenn jemand dann trotzdem hartnäckig nachfragt, ob es nicht doch möglich ist, kann ich mit innerer Gelassenheit ganz klar sagen: Nein.

Natürlich geht es hier immer um das rechte Maß. Wenn jemand sich am Arbeitsplatz ständig abgrenzt und jede Erwartung des Vorgesetzten oder der Kollegen ignoriert, dann stört das das Betriebsklima. Dann spiegelt sich darin eher Egoismus, bei dem man anderen die Arbeit aufbürdet. Wenn sich jemand völlig von seinen Eltern abgrenzt, dann fühlen diese sich verletzt, vor allem, wenn man ihnen die eigenen Kinder – also deren Enkelkinder – vorenthält. Dann kann Abgrenzung zur Ablehnung werden. Abgrenzung soll jedoch eine gute Beziehung ermöglichen und nicht die Beziehung zerstören.

Biblische Lösungswege

Wir möchten zwei biblische Lösungswege aufzeigen. Im ersten Beispiel geht es um die Abgrenzung in der Beziehung, also gegenüber den Freunden, den Arbeitgebern oder anderen Menschen. Im zweiten geht es um die emotionale Abgrenzung innerhalb der Familie. Der Evangelist Markus erzählt, dass Jesus einen Mann mit einer verdorrten Hand am Sabbat in der Synagoge heilen möchte (Markus 3,1–6). Doch die Pharisäer beobachten genau, was er tut, denn vom Gesetz her war das verboten. Sie erwarteten von Jesus, dass er sich an das Gesetz hält. Jesus stellte zunächst eine Frage an die Pharisäer: »Was ist am Sabbat erlaubt: Gutes zu tun oder Böses, ein Leben zu retten oder es zu vernichten?« (Markus 3,4). Die Pharisäer verschanzten sich hinter ihrem Schweigen, denn sie spürten, dass Jesus ihr Verhalten infrage stellte. Anstatt einfach ihre Erwartungen zu erfüllen, stellte er infrage, ob ihre Haltung wirklich dem Willen Gottes entsprach.

Die Konsequenz aus ihrer Haltung, das reine Gesetz zu erfüllen, hätte eigentlich bedeutet, Böses zu tun und Leben zu vernichten. Als die Pharisäer auf die Frage Jesu nicht antworteten, schaute Jesus jeden Einzelnen an, voll Zorn und voller Trauer. Das ist für mich ein schönes Bild für ein gutes Abgrenzen. Er schreit die Pharisäer nicht an. Im Zorn distanziert er sich von ihnen und vermittelt ihnen: »Da seid ihr mit eurem harten Herzen und hier bin ich. Ich werde das tun, was ich von meinem Innern und von meiner Beziehung zu Gott her als richtig erkenne.« Aber er bleibt nicht bei seinem Zorn. Er fühlt auch Trauer. Im Griechischen steht hier *syllypousthai*. Das heißt: mitfühlen, mitleiden. Jesus fühlt sich in die Pharisäer hinein, er versucht, sie zu verstehen. Er möchte die Beziehung zu ihnen nicht abbrechen, sondern reicht ihnen gleichsam die Hand. Doch sie nehmen die ausgestreckte Hand nicht an. Sie gehen hinaus und beschließen, Jesus zu töten. Sie brechen die Beziehung ab und grenzen sich damit so absolut von ihm ab, dass sie seine Worte gar nicht in sich hineinlassen und um sich herum eine undurchdringliche Mauer des Schweigens aufbauen.

Diese Geschichte zeigt sehr eindrücklich, was gutes und was schlechtes Abgrenzen meint. Abgrenzen im guten Sinn heißt, dass ich mich von den Erwartungen der anderen abgrenze, aber die Beziehung nicht abbreche. Ich versuche, den anderen zu verstehen und zu akzeptieren. Trotzdem spüre ich, dass es nicht stimmig ist, seine Erwartung zu erfüllen. Ich traue meinem eigenen Gefühl. Zugleich versuche ich, auch den anderen zu spüren und die Beziehung zu ihm wahrzunehmen. Eine negative Form des Abgrenzens wird im Verhalten der Pharisäer sichtbar: Sie stellen sich den Fragen und den Blicken Jesu nicht, sondern verstecken sich hinter ihrer Feigheit. Sie gehen hinaus und dort erst beschließen sie, Jesus zu töten. Jesus selbst gegenüber weichen sie jedoch aus. Ähnliches erleben wir häufig, wenn Menschen mit Andersdenkenden nichts zu tun haben wollen und sie einfach völlig ignorieren. Das ist dann oft deren sozialer Tod.

Das zweite Beispiel betrifft das Abgrenzen in der Familie, den rechten Umgang mit der Emotionsgrenze. Im Lukasevangelium, das Jesus eigentlich als den Friedensbringer darstellt, sagt er Worte, die uns auf den ersten Blick seltsam vorkommen: »Meint ihr, ich sei gekommen, um Frieden auf die Erde zu bringen? Nein, sage ich euch, nicht Frieden, sondern Spaltung. Denn von nun an wird es so sein: Wenn fünf Menschen im gleichen Haus leben, wird Zwietracht herrschen. Drei werden gegen zwei stehen und zwei gegen die, der Vater gegen den Sohn und der Sohn gegen den Vater, die Mutter gegen die Tochter und die Tochter gegen die Mutter, die Schwiegermutter gegen ihre Schwiegertochter und die Schwiegertochter gegen die Schwiegermutter« (Lukas 12,51–53).

Jesus will hier sicher keine Familienstreitigkeiten rechtfertigen oder sogar dazu aufrufen. Er hat die Familie im

Blick, wie man sie damals oft vorfand: so enge Familienbande, dass der Einzelne gar nicht zu sich selbst fand. Es waren gleichsam Schlingpflanzen, die sich um die Füße der Familienmitglieder wanden. Man hatte zwar das Gefühl, ein eigener Mensch mit einer eigenen Meinung zu sein, aber in Wirklichkeit dachte man, wie die anderen dachten, und fühlte man, wie die anderen fühlten. Dieses Phänomen können wir auch heute noch beobachten. Es gibt Familien, in denen sich keiner traut, eine eigene Meinung zu vertreten oder Entscheidungen zu treffen. Alle passen sich an. Und auch später als Erwachsener folgt man unbewusst den Mustern, die zu Hause vorgelebt wurden und galten. Wenn alle eine solche Einheit bilden, herrscht zwar nach außen hin oft Frieden. Doch die verdrängten Aggressionen zeigen sich dann zum Beispiel darin, dass einer in der Familie als das schwarze Schaf gilt. Niemand merkt, dass das zum Lebenskonzept der Familie gehört: Alles Negative wurde verdrängt, man hält sich für die perfekte Familie. Der Schatten wird dann gleichsam auf ein Familienmitglied projiziert, das schwarze Schaf.

Jesus fordert mit seinen Worten die Familienmitglieder auf, sich auf die eigenen Füße zu stellen, sich von den Schlingpflanzen zu befreien. Nur wenn ich auf eigenen Füßen stehe, kann ich eine gute Beziehung mit anderen eingehen. Nur wenn ich mit mir im Frieden bin, kann ich auch wirklichen Frieden schaffen in den Beziehungen innerhalb und außerhalb der Familie. Jesus lädt uns mit seinen harten Worten dazu ein, uns vom Familienskript zu befreien, von den Sätzen, die für die Familie absolut gelten, zum Beispiel: »Bei uns macht man so etwas nicht. In unserer Familie ist man einfach erfolgreich. Da denkt man so. In unserer Familie gibt es keine Versager.« Das sind typische Sätze, die jeden in der Familie prägen. Wenn ich diese Sätze genauer anschaue, kann ich mich von ihnen distanzieren und meine eigene Lebensphilosophie entwickeln.

Carl Gustav Jung meint, die Botschaft Jesu ziele auf die Würde des Einzelnen. Er soll seine Identität erkennen und einen eigenen Weg gehen, der ihn zum Leben führt. Jesus huldigt dabei jedoch keinem reinen Individualismus. Er möchte die Gemeinschaft der Jünger, die Gemeinschaft der Kirche, er möchte ein neues Miteinander. Doch dieses neue Miteinander wird nur möglich, wenn jeder auf eigenen Füßen steht und anderen Menschen in Freiheit und Achtung begegnet.

Die Frage ist, wie wir die Worte Jesu in einen heilenden Lösungsweg für unsere inneren Verschlingungen und Verwicklungen umsetzen können. Eine Möglichkeit wäre, dass wir lernen, auf die eigenen Gefühle zu hören, indem wir uns immer wieder fragen: Was fühle ich? Lasse ich mich in meinen Gedanken und Gefühlen zu sehr von der Familie beeinflussen? Eine zweite Möglichkeit ist, den Mut aufzubringen, Nein zu sagen. Oft wollen wir den Frieden nicht gefährden und lassen uns dann auf das ein, was die Familie will. Aber wir spüren, dass es nicht mehr stimmt, dass hinter der Fassade des Friedens viele unbewusste Konflikte und Spannungen die Atmosphäre vergiften. Manche halten es dann bei Familienfeiern nicht mehr aus, weil sie spüren, dass das Miteinander nicht stimmt. Ich muss nicht gegen alle anderen kämpfen. Aber es ist meine Aufgabe, für mich selbst einzutreten und mich so zu verhalten, wie es für mich stimmt. Manchmal bedeutet neues Verhalten einfach, dass ich innerlich frei bleibe bei all den Verwicklungen und dass ich selbst entscheide, wie oft und wie lange und mit welcher inneren Haltung ich an Familienfeiern teilnehme. Wenn ich gut auf meinen eigenen Füßen stehe und in meiner Mitte bin, dann kann ich selbst in einer unangenehmen Atmosphäre ich selbst bleiben. Abgrenzen heißt dann, sich nicht zu verbiegen, sondern bei sich selbst zu bleiben und aus dieser inneren Mitte heraus den anderen zu begegnen. Aber auch hier geht es um das rechte Maß. Wenn alle gegen mich sind und mich gewaltsam in ihre Familienideologie hineinziehen möchten, dann könnte das Abgrenzen auch zu einem zeitweiligen Kontaktabbruch führen oder zur Weigerung, an solchen Familienfeiern teilzunehmen, bei denen ich nicht ich selbst sein darf.

Fragen zum Umgang
mit Abgrenzung

Warum grenze ich mich ab?

Ich grenze mich auf gute Weise ab, um mich vor den Verletzungen durch andere zu schützen. Auf unangemessene Weise grenze ich mich ab, weil ich Angst habe vor der Beziehung. Ich habe Angst, dass der andere mich und meine Schwächen erkennt. Oft ist der Grund für eine unangemessene Abgrenzung, dass wir in der Kindheit keine heilsame Nähe erfahren haben, sondern nur Isolation. Dann ist uns die Isolation so vertraut, dass die Nähe eines Menschen uns Angst macht. Um dieser Angst zu entgehen, grenzen wir uns durch eine dicke Mauer ab, durch die keiner dringen kann.

Was steht hinter dem Mechanismus, mich abzugrenzen beziehungsweise mich nicht abgrenzen zu können?

Wenn ich mir diese Frage stelle, werde ich auf wesentliche Lebensmuster in mir stoßen: auf meinen Ehrgeiz, immer gut dazustehen, auf meine Bedürftigkeit, von möglichst vielen geliebt zu werden. Vielleicht stoße ich auch auf Ursachen aus meiner Kindheit. Dann wäre es gut, sich diesen

Erfahrungen zu stellen, die mich dazu bringen, mich extrem abzugrenzen oder die mich daran hindern, mich abgrenzen zu können.

Was habe ich vom Abgrenzen?
Was möchte ich mit meinem Abgrenzen bezwecken?

Der Vorteil ist, dass ich mich hinter der Mauer verstecken kann, dass ich das Risiko einer Beziehung nicht eingehe, dass ich mich sicher fühle. Ich habe mir diesen Mechanismus angewöhnt, um nicht mehr verletzt zu werden. Doch er führt auch dazu, dass ich einsam bleibe und mich an jeder guten Beziehung hindere. Wenn ich mich während einer Beziehung, also in einer Freundschaft oder in der Partnerschaft, einigele, dann kann der andere mich nicht mehr erreichen und ich zerstöre damit die Beziehung. Ich lasse den Freund oder die Partnerin gleichsam verhungern. Irgendwann wird er oder sie die Freundschaft oder Partnerschaft aufkündigen.

Wie werde ich frei vom zerstörenden Muster des Abgrenzens?

Ich werde frei, indem ich versuche, dem anderen zu vertrauen. Ich schaue ihn mit Augen an, die nicht bewerten, die das Gute im ihm sehen. Dann werde ich ihn nicht als Bedrohung erleben. Ich kann mich ihm gegenüber öffnen.

Ein anderer Weg, sich von negativen Formen der Abgrenzung zu lösen, ist, mein Selbstvertrauen zu stärken. Wenn ich zu mir stehe und mich annehme, wie ich bin, verliert sich die Angst vor dem anderen. Ich kann die Panzer, die ich um mein Herz geschlungen habe, zerbrechen und mich aufbrechen für andere.

6. Den anderen kränken und verletzen

Ob wir wollen oder nicht, wir werden im Lauf unseres Lebens immer wieder verletzt. Gerade in unserer Kindheit geschieht dies häufig – ungewollt und unbewusst. Wenn Eltern ihr Kind beispielsweise nicht so sehen, wie es sich das wünscht, leidet es darunter, übersehen zu werden. Oder wenn Eltern mit sich selbst beschäftigt sind, spürt das Kind, dass es vernachlässigt wird.

Natürlich sind Eltern nicht perfekt und können daher nicht in jeder Situation besonnen und ideal reagieren. Wenn das Kind beispielsweise ihre Geduld strapaziert, dann reagieren sie aggressiv, schimpfen es aus und verletzen es mit Worten. Selbst wenn jemand heute von seiner schönen Kindheit schwärmt, dann war diese sicher keine heile Welt. Er ist wahrscheinlich dankbar, dass er gute Eltern hatte und sich mit seinen Geschwistern verstanden hat. Aber trotzdem gab es Enttäuschungen, Verletzungen, Konflikte, Neid.

Die meisten Eltern versuchen, keines der Kinder zu bevorzugen und alle gleich zu behandeln. Dennoch fühlen sich manche Kinder vernachlässigt oder meinen, dass eines der Geschwister bevorzugt wurde. Da ist oft keine objektive Schuld feststellbar. Es geschieht einfach.

Neben diesen Verletzungen, die unbewusst und ungewollt geschehen, gibt es auch solche, die wir anderen bewusst zufügen. Wir kränken sie, weil wir uns selbst verletzt fühlen oder um unsere Macht zu zeigen. Diese Art von Kränkungen kommt häufig im beruflichen Umfeld vor. Aber leider gibt es auch Eltern, die ihre Kinder bewusst kränken. Die Motive sind nicht immer klar. Manchmal sind sie neidisch auf die Kinder, weil sie es besser haben als sie selbst. Oder sie geben ihre eigene Unzufriedenheit mit ihrem Leben an die Kinder weiter und verletzen sie dadurch. Manche meinen auch, sie hätten nur dann Macht, wenn sie andere kränken, weil die dann Angst vor ihnen bekommen.

Unter Christen gibt es die Haltung, man solle nicht zurückschauen, sondern nach vorne. Dazu zitiert man das Wort Jesu: »Keiner, der die Hand an den Pflug gelegt hat und nochmals zurückblickt, taugt für das Reich Gottes« (Lukas 9,62). Doch wenn wir genau hinschauen, geht es hier um Entscheidung. Ein junger Mann kommt zu Jesus und sagt zu ihm: »Ich will dir nachfolgen, Herr. Zuvor aber lass mich von meiner Familie Abschied nehmen« (Lukas 9,61). Jesus antwortet ihm darauf mit diesem harten Wort vom Zurückschauen. Er meint damit: Wenn du dich für das Reich Gottes und für die Nachfolge entschieden hast, dann musst du diesen Weg gehen, ohne die Erlaubnis und die Zustimmung deiner Familie einzuholen. Das gilt nicht nur für die Nachfolge damals. Dem Ruf Jesu zu folgen, heißt für uns heute, dem inneren Impuls zu folgen, von dem wir das Gefühl haben: Das stimmt für mich. Das ist für mich der Wille Gottes. Jesus gibt uns den Mut, das zu tun. Viele wollen zwar diesem Ruf folgen, aber zugleich wollen sie den Beifall und die Zustimmung ihrer Umgebung. Zurückschauen heißt dann: Ich gehe meinen Weg, aber zugleich schaue ich zurück, ob auch alle damit einverstanden sind. Doch dann ist es nicht mehr meine persönliche Entscheidung, sondern ich hole mir für meinen Weg die Erlaubnis meiner Umgebung ein. Ich passe mich an das an, was andere von mir erwarten.

Es gibt den psychologischen Grundsatz: Wenn wir uns nicht mit unserer Vergangenheit mit all den Verletzungen, die wir erfahren haben, aussöhnen, dann sind wir dazu verdammt, entweder uns selbst zu verletzen oder andere zu verletzen oder uns immer wieder in Situationen zu begeben, in denen sich die Verletzungen der Vergangenheit wiederholen. Damit wir also gut in die Zukunft gehen können, müssen wir zurückblicken, uns mit der eigenen Vergangenheit beschäftigen und uns damit aussöhnen. Dieser Grundsatz gilt für die Verletzungen in der persönlichen Lebensgeschichte, aber auch für die gesellschaftlichen Verletzungen, die in der Vergangenheit geschehen sind. Für den gesellschaftlichen Bereich hat der Psychoanalytiker und Arzt Alexander Mitscherlich in seinem Buch »Die Unfähigkeit zu trauern« einen wichtigen Beitrag geleistet. Er meint, ein Volk, das das vergangene Unrecht und das Leid, das geschehen ist, nicht betrauert, erstarrt. Betrauern ist eine Art der Vergangenheitsbewältigung. Ohne Trauerarbeit kann die Vergangenheit nicht verwandelt und geheilt werden. Dann sind wir dazu verdammt, sie zu wiederholen. Diese Einsicht teilen viele Geschichtsforscher mit Mitscherlich.

Für den persönlichen Bereich hat seine Frau Margarete Mitscherlich, die ebenfalls Psychoanalytikerin und Ärztin war, konstatiert, dass wir die vergangenen Verletzungen und Enttäuschungen betrauern müssen, sonst bleiben wir innerlich stehen. Wir müssen durch den Schmerz hindurchgehen, um so in den Grund unserer eigenen Seele zu gelangen. Wer diesen Weg nicht geht, erstarrt in seiner persönlichen Entwicklung. Unverarbeitetes Leid wird über Generationen hinweg weitergegeben. Es führt bei den Betroffenen oft zu Gefühllosigkeit und zu einem Mangel an Mitgefühl. Nur wer durch den Schmerz hindurchgeht, gelangt in den Grund seiner Seele und entdeckt dort seine eigenen Stärken und seine Identität. Um wirklich nach vorne schauen zu können, muss ich mich erst mit meiner Vergangenheit aussöhnen. Sonst lastet diese auf mir und ich schleppe sie überall hin mit. In der Folge reagiere ich auf die oben beschriebenen Weisen, indem ich mich zum Beispiel selbst verletze. Wir übernehmen die verletzenden Worte der Eltern: »Du taugst nichts. Du bist zu langsam. Du bist schwierig. Du bist nicht richtig. Mit dir kann es keiner aushalten.« Wir lehnen uns selbst ab und entwerten uns. Es kann auch sein, dass die verletzenden Stimmen der Eltern, die uns unter Druck gesetzt haben, zu Stimmen unseres eigenen Über-Ichs werden. Ein Beispiel: Eine Frau erzählte, sie leide unter einem Zwang. Immer höre sie in sich die Stimme: »Du musst alle Erwartungen der anderen erfüllen. Du darfst dir nichts gönnen. Du musst für andere da sein.« Mit diesen Stimmen verletze sie sich selbst und mache sich krank. Die Krankheit wird dann zu einem Ventil oder zu einer Erlaubnis, aus der Vergangenheit auszusteigen und die negativen Stimmen hinter sich zu lassen. Denn sie zwingt sie, einmal für sich selbst zu sorgen und sich helfen zu lassen.

Eine mögliche andere Reaktion, auf die Verletzungen der Vergangenheit zu reagieren, ist, dass wir andere verletzen. Weil die Eltern uns verletzt haben, verletzen wir nun unsere Kinder oder Kollegen und Kolleginnen bei der Arbeit. Albert Görres, ein katholischer Psychiater, meint, wir würden dann alte Schulden bei den falschen Schuldnern begleichen. Wir verletzen den Kollegen, aber in Wirklichkeit meinen wir den Vater. Oder wir verletzen die Frau, die uns vorgesetzt ist, aber eigentlich ist es die Mutter, an der wir uns rächen wollen.

Je mehr Verantwortung wir haben, desto schlimmer werden die Verletzungen, die wir weitergeben. Das gilt besonders für Politiker, die an den Schalthebeln der Macht sitzen. Einer davon war Adolf Hitler, und an seinem Hintergrund kann deutlich werden, was verdrängte Vergangenheit aus- und anrichten kann. Er hatte einen sehr verletzenden Vater, den er hasste, nicht zuletzt deshalb, weil er erfuhr, dass sein Vater selbst ein uneheliches Kind eines Grazer Juden war. Seinen Vaterhass agierte er in der folgenden Zeit am ganzen Volk der Juden aus und brachte so unendliches Leid über das jüdische Volk und über die ganze Welt. Daher ist es leichtfertig, zu sagen: »Schau nach vorne, dann wird alles gut.« Wenn wir nicht den Mut und die Kraft aufbringen, unsere Vergangenheit anzuschauen und uns mit ihr auszusöhnen, werden wir sie ausagieren und Leid über uns und die Menschen in unserem Umfeld bringen.

Bei christlichen Predigern, die dazu aufrufen, nur nach vorne zu schauen, können wir manchmal entdecken, dass sie die Menschen, denen sie diese Forderung stellen, nicht wahrnehmen und würdigen. Sie gehen sehr autoritär mit ihnen um. Offensichtlich wiederholen sie dabei ihre eigene Vergangenheit, agieren beispielsweise genauso autoritär wie der eigene Vater, worunter sie eigentlich selbst sehr gelitten haben.

Eine weitere Möglichkeit, auf die Verletzungen der Vergangenheit reagieren, ist der sogenannte Wiederholungszwang, wie Sigmund Freud es nennt. Ein Beispiel: Eine Frau verliebt sich immer wieder in Männer, die sie entwerten. Sie ist unglücklich und fragt sich: Warum muss mir das immer wieder passieren? Es ist wie ein Fluch. Doch dann erzählt sie, dass ihr Vater ihre Mutter und sie selbst ständig entwertet hat. Solange diese alte Wunde nicht wirklich angeschaut und aufgearbeitet wurde, wird diese Frau sich immer wieder in Männer verlieben, die sie ebenfalls entwerten. Es ist so etwas wie ein erlerntes Muster, das man als Erwachsener dann wiederholt – vielleicht, weil es vertraut ist und man sich mit dieser Art von Beziehung auskennt, selbst wenn sie sich negativ auf einen selbst auswirkt.

Ein anderes Beispiel: Ein Mann beklagt sich, dass seine Frau so dominant sei. Im Paargespräch wird jedoch deutlich, dass dem nicht wirklich so ist. Allerdings war die Mutter des Mannes dominant, also hat er sich gegenüber seiner Frau immer wieder so verhalten wie gegenüber seiner dominanten Mutter. Er erlebte daher seine Partnerin als dominant beziehungsweise hat sie mit seinem Verhalten dazu gebracht, tatsächlich dominant zu agieren. Die Befreiung von diesem Wiederholungszwang kann nur gelingen, wenn wir uns der ursprünglichen Verletzung oder Entwertung stellen, die dahinterstehen, und den Schmerz darüber neu zulassen. Dann können wir den Schmerz loslassen und müssen ihn nicht immer wieder in ähnlichen Situationen neu erleben.

Wenn wir die Verletzungen in der Kindheit anschauen, können wir Vaterwunden und Mutterwunden identifizieren. Dabei geht es nicht darum, dem Vater oder der Mutter die Schuld an den Verletzungen zu geben. Sie geschehen einfach, auch wenn die Eltern es nicht bewusst möchten.

Die Vaterwunden der Frau sehen dabei anders aus als die Vaterwunden des Sohnes. Und die Mutterwunden des Sohnes sind nicht die gleichen wie die der Tochter. Die Mutterwunde der Tochter ist häufig, dass die Mutter die Tochter nicht versteht, weil sie so anders ist als sie selbst. Daher lehnt sie sie ab. Ein Beispiel: Eine Frau erzählte, dass sie als Kind machen konnte, was sie wollte, ihre Mutter schimpfte und schlug sie. In ihrer Not hat sie sich in die kirchliche Gemeinde geflüchtet. Dort hat sie Geborgenheit erfahren. Aber das führte dazu, dass sie später hauptamtlich für die Kirche arbeitete und sich darin überforderte, weil sie auch hier alle Wünsche der »guten Mutter« – der Kirche – erfüllen wollte.

Eine andere Frau erlebte, dass ihre Mutter mit ihr als Kind überfordert war. Die Beziehung zwischen Vater und Mutter war in der Zeit ihrer Geburt sehr schwierig. Die Mutter konnte sich der Tochter gar nicht richtig zuwenden. Die Tochter spürte das und verweigerte die Nahrung, um die Mutter zu zwingen, sich um sie zu kümmern. Wenn diese Wunde nicht angeschaut wird, wird die erwachsene Frau den gleichen Mechanismus in ihren Beziehungen anwenden: Sie wird die Zuwendung anderer entweder durch Krankheit oder durch besonders schwieriges Verhalten erzwingen.

Eine andere Mutterwunde entsteht, wenn die Mutter die Tochter zu ihrer Vertrauten macht und ihr von ihren Problemen erzählt, zum Beispiel in Bezug auf ihren Mann, den Vater der Tochter. Damit überfordert sie die Tochter und verwirrt sie. Denn sie bewundert den Vater. Aber jetzt wird er ihr als Unmensch geschildert. Sie wird ihr Leben lang Schwierigkeiten haben, ihren Gefühlen zu trauen. Die Mutter überfordert die Tochter ebenfalls, wenn sie sich von ihr versorgen und pflegen lässt. Das raubt ihr ihre Kindheit, weil sie nie wirklich Kind sein und einfach nur spielen darf. Sie muss stattdessen immer für die Mutter sorgen. Darin liegt die Gefahr, dass sie sich später in der Sorge für andere überfordert.

Andere Mütter vermitteln ihren Töchtern das Gefühl: »Komm mir nicht zu nahe.« Obwohl sie auch liebevoll sein möchten, haben sie Angst vor zu viel Nähe. Die Tochter wird später Menschen in ihrer Umgebung die gleiche Botschaft vermitteln: Auf der einen Seite sehnt sie sich nach Nähe, auf der anderen Seite ist sie unfähig, Nähe zu geben oder zuzulassen. Auch hier wird die Mutterwunde wiederholt. Nur wenn sie angeschaut und verarbeitet wird, ist ein neues Verhalten möglich.

Die Mutterwunde des Sohnes kann sich darin zeigen, dass die Mutter den Sohn entwertet hat. Oder das Gegenteil: Sie behandelt ihn wie einen »Ersatzmann«. Das kommt häufig vor, wenn die Beziehung zu ihrem eigenen Mann schwierig ist. Sie gibt dem Sohn das Gefühl, ein Prinz zu sein, und bindet ihn emotional eng an sich, lebt mit ihm ihr eigenes Bedürfnis nach Nähe aus. Das tut dem Sohn nicht gut. Er bleibt dann immer der Muttersohn und tut sich schwer, sich auf eine Beziehung zu einer anderen Frau einzulassen. Oder er sieht in seiner Partnerin dann immer einen Mutterersatz.

Zwei Beispiele: Ein Mann erzählt, dass seine alleinerziehende Mutter ständig damit drohte, sich das Leben zu nehmen, wenn er nicht brav sei. Dem Sohn blieb nichts anderes übrig, als sich anzupassen. Ständig musste er mit der Angst leben, dass sich die Mutter umbringt und er dann allein und verlassen dasteht. Ein anderer Mann war sehr eng an seine Mutter gebunden. Er heiratete erst spät. Aber dann zeigte sich, dass er die Sorge für seine Mutter immer der Beziehung zu seiner Frau vorzog. Er verbrachte viel Zeit mit der Mutter. Das war ihm wichtiger, als beispielsweise mit seiner Frau in Urlaub zu fahren. Die Beziehung endete in einer Scheidung.

Die Vaterwunde der Tochter kann entstehen, wenn sie in die Pubertät kommt und ihre eigene Meinung vertritt. Dann kippt die Beziehung zum Vater, der sie bisher nur als braves Kind kannte. Er lehnt die rebellische Tochter ab und entwertet sie als Frau, indem er zum Beispiel über die körperlichen Veränderungen der Tochter in der Pubertät spottet. Das verletzt sie und verunsichert sie in ihrem Frausein.

Aber auch das Gegenteil ist möglich, wie schon oben für den Sohn beschrieben. Dann bindet der Vater die Tochter eng an sich, nimmt sie als Vertraute, als Ersatz für die eigene Frau. Diese enge Bindung hindert die Frau daran, sich als Erwachsene auf einen Mann als Partner einzulassen.

Eine andere Vaterwunde sieht die Schweizer Therapeutin Julia Oncken darin, dass die Tochter vom Vater übersehen wird. Darauf reagieren viele Töchter als Erwachsene so, dass sie vor allem gefallen wollen, damit sie gesehen wird. Andere versuchen die Aufmerksamkeit, die ihnen der Vater verweigert hat, als Erwachsene durch Leistung zu erhalten. Wieder andere haben dem Vater immer widersprochen, um den Vater zu zwingen, sich mit ihnen zu beschäftigen. Das äußert sich als Erwachsene darin, dass sie oft mit ihrem Verhalten provozieren, um gesehen zu werden.

Die Vaterwunde des Sohnes zeigt sich häufig darin, dass der Vater ein ganz bestimmtes Bild des Sohnes hatte. Er soll ein Abbild des Vaters werden oder dessen unerfüllten Wünsche erfüllen. Wenn der Sohn dann anders ist, als der Vater sich das vorstellt, erfährt er Ablehnung und ständige Kritik, sodass er kein Selbstwertgefühl aufbauen kann. Oft entsteht dann Rivalität zwischen Vater und Sohn. Der Vater muss den Sohn unterdrücken, weil er Angst hat, er könnte erfolgreicher werden als er selbst. Ein Beispiel: Ein Mann erzählte, dass der Vater ihn oft schlug. Er hatte manchmal Angst, der Vater könne ihn totprügeln. Nach außen war der Vater in der Gesellschaft anerkannt. Doch zu Hause lebte er seinen Jähzorn an seinem Sohn aus. Offensichtlich erinnerte der Sohn ihn an etwas, das er bei sich selbst nicht annehmen konnte. Durch die Schläge verdrängte der Vater seine eigenen Schattenseiten. Solche prügelnden Väter zwingen die Söhne, sich anzupassen. Oft führt die Ohnmacht, die die Kinder dann spüren, später in eine Depression.

Therapeutische Lösungswege

In der therapeutischen Begleitung schaut man die Verletzungen noch einmal an – nicht nur rein rational, vielmehr geht es auch darum, den Schmerz noch einmal zu durchleben und durch ihn hindurchzugehen. Dann kann er sich wandeln. Oft verbinden wir mit den Verletzungen aus der Kindheit Gefühle von Schmerz, von Wut, ja sogar Hass. Auch dann ist es notwendig, durch den Hass hindurchgehen, um auf dem Grund des Hasses die Liebe zu spüren, die der Hass eigentlich verdeckt. Albert Görres spricht hier von der Reinigung der negativen Emotionen oder auch vom Auftauen des eingefrorenen Hasses: »Der Patient erlaubt sich, seinen Zorn kräftig zu fühlen, auszusprechen oder gar auszuschreien und mit Fäusten an die Wand zu trommeln. Er macht dann oft die Erfahrung, dass die Wut nach einem Höhepunkt sich erschöpft. Unerwartet, oft unter Tränen, schlägt sie um in liebevolle Gefühle gegen den Menschen, dem sie gegolten hat; also etwa bei Eltern und Geschwistern, zu denen bisher das Verhältnis gespannt oder gleichgültig unterkühlt war« (Görres, Das Böse, 133). Dann, so meint Albert Görres, ist auch ein

Verzeihen möglich: »Die Wendung des Hasses gegen sich selbst kann schwinden, wenn die darunter verborgene Wut gegen die vielen Quäler der Vergangenheit herauskommt, zu denen der Kranke unbewusst auch den quälenden Gott rechnet; wenn der Schmerz über die erlittene Qual, wenn die Rachsucht durchlitten ist und das milde Licht des Verzeihens aufgehen kann« (Görres, Das Böse, 140).

Biblische Lösungswege

In den Evangelien werden viele Heilungsgeschichten erzählt. Darunter sind auch einige, die die Beziehung des Sohnes zur Mutter (Lukas 7,11–17) und zum Vater (Markus 9,14–29) und die Beziehung der Tochter zur Mutter (Markus 7,24–39) und zum Vater (Markus 5,21–43) thematisieren. Jesus weckt in diesen Heilungsgeschichten keine Schuldgefühle bei den Betroffenen. Er sagt also nicht, dass der Vater oder die Mutter Schuld seien an der Krankheit oder an der Not des Sohnes oder der Tochter. Er hebt vielmehr die Verwicklungen auf, die zwischen den Eltern und den Kindern entstanden waren. Die Auflösung der Verwicklungen führt dann zu einer Verwandlung des Sohnes und der Tochter, aber zugleich auch des Vaters und der Mutter.

Die biblischen Heilungsgeschichten wollen uns dazu einladen, unsere eigene Beziehung zu Vater und Mutter anzuschauen. Dabei geht es nicht um Vorwürfe, sondern einfach um die Verwicklungen, die entstanden sind, und darum, sich selbst besser zu verstehen. Die biblischen Heilungsgeschichten befreien uns von dem Druck, dass wir selbst die Verletzungen aufarbeiten müssen. Wir können sie anschauen und dann in die Beziehung zu Jesus halten. Wir können uns vorstellen, dass Jesus uns begegnet, uns anspricht, uns berührt und uns aufrichtet. Indem wir die Heilungsgeschichten meditieren, kann schon Heilung geschehen. Denn sie helfen uns, unsere eigene Vater- und Mutterbeziehung zu betrachten und Aspekte darin zu erkennen, die uns bisher verborgen waren. Sie bringen etwas in uns in Bewegung.

Ein anderer Ort, an dem Heilung geschehen kann, ist die Eucharistie. Da begegnen wir Jesus leibhaft. Das heißt aber auch, dass wir ihm mit unseren Vater- und Mutterwunden begegnen und in der Kommunion erfahren können, was Jesus auch zu uns sagt: »Meine Tochter, dein Glaube hat dir geholfen. Geh in Frieden! Du sollst von deinem Leiden geheilt sein« (Markus 5,34). Wir können uns auch vorstellen, wie Jesus uns als Sohn oder Tochter an der Hand nimmt und uns aufrichtet, damit wir aufrecht unseren Weg gehen können (vgl. Markus 9,27).

Ein anderes biblisches Bild für die Heilung der Verletzungen ist das des Kreuzes. Jesus sagt im Johannesevangelium, dass er vom Kreuz herab alle an sich ziehen wird (Johannes 12,32). Am Kreuz umarmt uns Jesus. So lädt uns das Kreuz dazu ein, uns selbst und gerade das verletzte

Kind in uns zu umarmen. Diese Verletzungen äußern sich in verschiedenen Wunden, die uns häufig bis ins Erwachsenenalter begleiten oder immer wieder aufreißen: Das verlassene Kind wird auch in unseren heutigen Beziehungen Angst haben, verlassen zu werden. Das übersehene Kind wird aufschreien, wenn wir uns von unserem Vorgesetzten oder vom Partner übersehen fühlen. Das Kind, das nie genügen konnte, hat häufig bis ins hohe Alter das Gefühl, nicht gut genug zu sein. Es überfordert sich dann häufig, indem es besonders viel arbeitet und besonders gut sein möchte. Das unverstandene Kind wird sich auch als Erwachsener oft unverstanden fühlen. Das Kind, das man beschämt hat, reagiert auf Kritik heute oft mit Scham. Das Kind, das lächerlich gemacht wurde, interpretiert die Worte anderer oft immer noch so, dass sie es nicht ernst nehmen und sich über es lustig machen.

Ein Ritual kann uns helfen, diese Verletzungen zu akzeptieren und zu heilen. Man stellt sich aufrecht hin und kreuzt die Hände über der Brust oder umarmt sich selbst. Dann kann man sich selbst zusprechen: »Weil ich von Christus am Kreuz umarmt bin, umarme ich in mir das verlassene Kind.« Ich kann diesem verlassenen Kind auch direkt zusagen: »Ich werde immer bei dir bleiben. Ich werde dich nicht verlassen.« Dann wende ich mich dem übersehenen Kind zu und umarme es mit der Zusage: »Ich übersehe dich nicht. Ich schaue auf dich.« Ähnliches kann ich über die übrigen Wunden des verletzten Kindes in mir sprechen.

Aus Erfahrung wissen wir, dass ein Kind, das wir anschreien, nur umso lauter schreit. Wenn wir also das verletzte Kind in uns auffordern, es solle doch endlich Ruhe geben, wird es sich umso heftiger zu Wort melden. Wenn wir es dagegen immer wieder liebevoll umarmen und ihm gute Worte sagen, dürfen wir darauf vertrauen, dass es langsam ruhiger wird. Wenn wir dann wieder übersehen werden, werden wir das verletzte Kind in uns kurz spüren. Aber es bestimmt nicht mehr unser Verhalten.

Die Bibel und die christliche Tradition geben uns die Zusage, dass Jesus am Kreuz das verletzte Kind in uns umarmt. Wenn wir dieses Bild in uns eindringen lassen, entlastet es uns von dem Druck, dass wir es selbst heilen müssen. Wie in der Therapie wenden wir uns auch hier liebevoll dem verletzten Kind zu. Aber zugleich vertrauen wir darauf, dass Christus selbst es zärtlich mit seinen Armen umschließt. Daraus kann eine heilende Wirkung entstehen.

Wir sollten aber nicht beim verletzten Kind stehen bleiben, sondern zum göttlichen Kind in uns vordringen. Wir finden es auf dem Grund unserer Seele. Es weiß genau, was gut für uns ist und bringt uns in Berührung mit den heilenden Kräften unserer Seele. Dort, wo das göttliche Kind unterhalb aller Verletzungen in uns spürbar ist, sind wir frei von den Erwartungen und Ansprüchen der Menschen. Dort sind wir heil und ganz. Die verletzenden Worte der anderen werden uns nicht mehr erreichen.

Dort sind wir ursprünglich und authentisch, müssen wir uns nicht beweisen, den anderen nichts vorweisen, uns nicht darstellen. Wir sind einfach da. Dort sind wir rein und klar, hier haben die Schuldgefühle und Selbstvorwürfe keinen Zutritt. Auf dem Grund unserer Seele sind wir mit allen Menschen, mit der Schöpfung und mit Gott eins. Wenn wir diese tiefe Einheit spüren, fühlen wir uns zugehörig. Wir fühlen uns getragen, geborgen und im Einklang mit uns selbst und mit der Welt. Das schenkt uns ein tiefes Gefühl inneren Friedens.

Fragen zum Umgang
mit Verletzungen

Warum kränke ich andere Menschen?

Ich kränke andere Menschen, um meine eigenen Verletzungen weiterzugeben. Dann spüre ich die Kränkungen, die ich selbst erlebt habe, nicht mehr. Oder ich kränke andere, um meine Macht über sie zu demonstrieren. Durch das Kränken möchte ich meine Minderwertigkeitskomplexe kompensieren.

Was habe ich vom Kränken?

Ich schütze mich damit vor den Kränkungen des anderen und kann dadurch meine eigenen Kränkungen vergessen. Psychologen sprechen auch von der Identifizierung mit dem Aggressor: Oft identifizieren wir uns zum Beispiel mit dem verletzenden Vater. Die Verletzung durch ihn ist so traumatisierend, dass wir andere verletzen, damit wir von ihnen nicht verletzt werden. Wir »spielen« den aggressiven Vater, um nicht wieder in die Rolle des verletzten Jungen zu geraten.

Wie trübt oder zerstört das Kränken die Beziehungen?

Wenn ich meinen Freund, meine Ehepartnerin kränke, dann zieht er oder sie sich zurück. Er oder sie hat Angst, sich auf die Beziehung einzulassen. Denn ich könnte ja wieder verletzen. Irgendwann hält der andere meine ständigen Kränkungen nicht mehr aus. Manchmal wird er selbst krank. Das ist dann der Anlass, aus der Beziehung ganz auszusteigen.

Wie werde ich frei vom Mechanismus des Kränkens?

Indem ich mich mit den Verletzungen, die ich selbst erlebt habe, aussöhne. Dann habe ich es nicht mehr nötig, andere zu verletzen. Ein anderer Weg, frei zu werden, ist das Mitgefühl: Wenn ich mit dem anderen fühle, wie es ihm geht, was er braucht, dann kann ich ihn nicht verletzen. Das Mitgefühl ist wie ein Hindernis, das mich vom Kränken abhält.

7. Der christliche Heilungsweg: Vergebung, Versöhnung und ein gesundes Selbstwertgefühl

Der christliche Heilungsweg für alle Mechanismen, von denen oben die Rede war, hat viele Aspekte. Wir möchten nur drei Möglichkeiten beschreiben, die die Mechanismen außer Kraft setzen und so die Bedingung für gute Beziehungen schaffen. Da sind einmal die beiden Haltungen, die eng zusammengehören: Vergebung und Versöhnung. Hinzu kommt die Entwicklung eines gesunden Selbstwertgefühls.

Schauen wir zunächst auf die Schuldgefühle, von denen wir letztlich nur frei werden, wenn wir tief in unserem Herzen an die Vergebung glauben. Zudem schwächen wir durch Schuldgefühle unseren Selbstwert. Gerade unter Christen ist es weit verbreitet, dass die Menschen beispielsweise durch Predigten, die in den Zuhörern Schuldgefühle hervorrufen, kleingehalten werden. Das gilt jedoch auch für die passive Aggression, die nur verwandelt werden kann, wenn wir uns damit aussöhnen, dass wir nicht nur fromme und edle Gefühle haben, sondern auch aggressive. Ein gesundes Selbstwertgefühl hilft uns dabei, uns Aggressionen einzugestehen und angemessen damit umzugehen. Solange wir uns nicht selbst annehmen, wie wir sind, uns mit allem, was in uns ist, versöhnen, werden wir immer das Unversöhnte und Unangenommene auf andere projizieren. Das Projizieren unserer verdrängten Schattenseiten stört aber unsere Beziehung zu anderen Menschen. Auch die Abgrenzung braucht die Versöhnung. Sie gelingt nur zu Menschen, mit denen wir im Innersten versöhnt sind. Sonst wird die Abgrenzung zu einer feindlichen Ablehnung. Wir können uns aber nur gut abgrenzen, wenn wir unseren Selbstwert nicht davon abhängig machen, ob alle uns mögen. Und zuletzt: Die Verletzungen, die wir in der Kindheit erfahren haben, können nur geheilt werden, wenn wir denen vergeben, die uns verletzt haben. Wer ein geringes Selbstwertgefühl hat, verschafft sich oft einen falschen Selbstwert, indem er andere verletzt und so Macht über sie ausübt.

Wir möchten zunächst den heilenden Weg der Vergebung und Versöhnung vor allem in Bezug auf die Schuldgefühle und die Verletzungen in der Kindheit beschreiben. Vergebung und Versöhnung sind jedoch auch für alle anderen Bereiche ein guter Weg. Zuletzt wollen wir dann aufzeigen, wie es möglich wird, ein gesundes Selbstwertgefühl zu entwickeln.

Vergebung

Interessant ist, dass in den letzten Jahren auch Psychologen über die Vergebung geschrieben haben. Sie haben erkannt, dass Vergebung nicht nur ein spiritueller, sondern auch ein therapeutischer Akt ist. In Bezug auf Schuldgefühle ist es wichtig, dass wir tief in unserem Herzen daran glauben, dass Gott uns die Schuld vergeben hat und immer wieder vergibt. Allerdings tun sich manche Menschen schwer damit. Sie hören zwar, dass Gott ihnen ihre Schuld vergibt. Aber das Wort von der Vergebung erreicht nicht ihr Herz und vor allem nicht die Tiefen ihres Unbewussten. In unserem Unbewussten gibt es Widerstände gegenüber der Vergebung, die wir mit rein rationalen Argumenten nicht entmachten können. Die christliche Tradition hat zwei Hilfestellungen entwickelt, um den unbewussten Widerstand gegenüber dem Glauben an die Vergebung zu überwinden. Die erste ist die Meditation des Kreuzes. Wenn wir den Tod Jesu am Kreuz meditieren, so wie ihn Lukas beschreibt, lösen sich in uns die Widerstände gegen die Vergebung auf, denn Jesus sagt am Kreuz: »Vater, vergib ihnen, denn sie wissen nicht, was sie tun« (Lukas 23,34). Wenn Jesus selbst seinen Mördern vergibt, dürfen wir darauf vertrauen, dass er auch uns vergibt, ganz gleich, wie schuldig wir geworden sind. Hilfreich ist auch das Wort, das Jesus zu dem Verbrecher auf seiner rechten Seite am Kreuz sagt, der sich in seiner letzten Stunde an ihn wendet: »Heute noch wirst du mit mir im Paradies sein« (Lukas 23,43). Der Verbrecher, der nichts vorzuweisen hat als ein verpfuschtes Leben, erfährt Vergebung und die Zusage des Paradieses. Das kann uns helfen zu vertrauen, dass Gott auch uns vergibt, selbst wenn vieles in unserem Leben schiefgegangen ist.

Eine weitere große Hürde auf dem Weg zur Vergebung ist, dass viele Menschen sich selbst nicht vergeben können. Ihre Schuld kratzt an dem idealen Selbstbild, das sie in sich tragen, und die Schuld passt nicht in dieses Bild. Es fällt ihnen daher schwer, sich mit ihrer Schuld anzunehmen. Da kann auch das Wort Jesu den Mördern gegenüber helfen, zum Beispiel, indem wir das Wort Jesu abwandeln und in unsere Schuldgefühle hineinsprechen: »Vater, vergib mir, denn ich wusste nicht, was ich tat.« Natürlich haben wir auf der einen Seite gewusst, dass wir einen Fehler machen, und Schuld auf uns laden. Aber in der Tiefe haben wir es nicht gewusst. Wir haben nicht gewusst, welche Mechanismen da in uns gewirkt haben, die uns zu diesem Tun gedrängt haben. Und wir haben nicht gewusst, wie sehr wir dem anderen wehtun. Wenn wir diese Worte eine Zeitlang in unsere Schuldgefühle hineinsprechen, werden wir ruhig und spüren vielleicht irgendwann: Ja, jetzt kann ich mir selbst vergeben. Jetzt höre ich auf, mir ständig vorzuwerfen, dass ich diesen Fehler gemacht habe. Wir tun uns schwer, uns selbst zu vergeben, weil unser Fehler das Image zerstört, das wir von uns selbst haben. Wir haben in uns das Bild eines guten und gerechten Menschen, der immer das Richtige tut. Doch durch den Fehler ist dieses Bild zerstört worden. Es braucht Demut, sich mit diesem zerstörten Selbstbild auszusöhnen.

Die zweite Hilfestellung, die uns die christliche Tradition anbietet, ist die Beichte. Wir müssen nicht beichten. Aber gerade für Menschen, die nicht von ihren Schuldgefühlen loskommen, ist es hilfreich, darin einem Priester zu bekennen, was einen belastet, und dann die Absolution, die Lossprechung von seinen Sünden, zu erfahren. Gott vergibt natürlich auch ohne Beichte. Aber sie kann uns helfen, an die Vergebung zu glauben. Der Priester legt uns seine Hände auf den Kopf und spricht uns los. So können wir leibhaft erfahren, dass wir ganz und gar angenommen sind.

Schwierig ist Vergebung auch, wenn wir von anderen Menschen verletzt worden sind, vor allem von den Eltern oder Geschwistern in der Kindheit. Ein Lehrer meinte, es sei schwer, Lebenden zu vergeben, aber noch schwerer sei es, den Verstorbenen zu vergeben. Doch zur Heilung der Verletzungen in der Kindheit gehört es, dass wir auch diesen vergeben. Ohne Vergebung bleiben wir immer noch an den Verletzungen der Vergangenheit hängen. Vergebung ist also ein Akt der Befreiung. Viele Christen fühlen sich damit überfordert. Sie sind so tief verletzt, dass sie nicht vergeben können. Manche verwechseln Vergeben auch mit Nachgeben. Sie haben den Eindruck, der Christ, der vergeben muss, darf sich nicht gegen das Unrecht wehren. Er muss alles erleiden und zuletzt auch dem, der ihm Leid zugefügt hat, vergeben. Dagegen wehren sich viele Menschen zurecht. Daher ist es notwendig, dass wir angemessen über die Vergebung sprechen, sodass sie wirklich ein Akt der Befreiung und Heilung wird und nicht ein passiver Akt des Nachgebens und des Sich-nicht-Wehrens.

Damit Vergebung ein heilender Weg werden kann, braucht es fünf Schritte. Der erste Schritt ist, meine Verletzung wahrzunehmen, ernst zu nehmen, sie nicht zu überspringen. Mein Herz ist tief verletzt worden. Wenn ich meinen Schmerz überspringe, dann werde ich immer wieder die gleichen Verletzungen erleben. Die Psychologie spricht von Wiederholungszwang. Wir wiederholen die alten Verletzungen. Daher müssen der Schmerz und die Verletzung ernst genommen werden. Sonst nehme ich mein Herz nicht ernst. Und nur, wenn ich die Verletzung wahrnehme, kann ich durch die Vergebung davon befreit und geheilt werden.

Der zweite Schritt ist, dass ich die Wut zulasse. Wenn ich an den Menschen denke, der mich verletzt hat, so ist die Wut die Kraft, mich von ihm zu distanzieren. Wut heißt nicht, dass ich den anderen anschreie, sondern mich von ihm distanziere. Ich brauche Distanz, damit die Wunde heilen kann. Man kann es mit einem Bild ausdrücken: Solange das Messer in der Wunde steckt, kann die Wunde nicht heilen, kann ich nicht vergeben. Ich muss das Messer mit Energie aus mir herausziehen, nur dann kann die Wunde heilen. Das bedeutet der Zorn. Er hat aber noch eine andere Funktion: Ich verwandle den Zorn, die Wut, in den Ehrgeiz, in eine innere Kraft und Entschlossenheit, mein Leben selbst in die Hand zu nehmen. Ich sage mir: »Ich lasse mich von dir nicht kaputtmachen. Ich distanziere mich von dir. Ich kann selbst leben. Ich setze meine ganze Kraft in mein eigenes Leben. Und ich habe das Vertrauen, dass ich mein Leben gut gestalten werde.« Wenn ich so auf die Verletzung reagiere, nehme ich Abschied von der Opferrolle. Ich komme wieder mit meiner eigenen Kraft in Berührung. Ein großes Hindernis auf dem Weg zur Vergebung ist, dass wir in der Opferrolle hängen bleiben. Zwar sind wir durchaus tatsächlich Opfer einer Verletzung geworden. Das sollten wir würdigen. Aber wir dürfen nicht darin stecken bleiben, denn dann geben wir dem Täter zu viel Macht. Wir bleiben passiv. Vergebung ist aber etwas Aktives: Ich befreie mich von der Macht des Täters. Dazu braucht es die Aggression. Wenn ich Opfer bleibe, wirke ich auf meine Umgebung aggressiv. Neben einem Opfer kann man nicht gut leben. Ein Beispiel: Wenn in einer Familie das Kind sich weiterhin als das Opfer der Eltern fühlt, nachdem es erwachsen geworden ist, macht es die Eltern immer weiter für seine Situation verantwortlich. Dann wird das Opfer selbst zum Täter. Es bestraft seine Eltern, indem es zum Beispiel den Kontakt zu ihnen abbricht und so die Eltern verletzt. Es ist aber unsere Aufgabe, aus dem, was wir erlebt haben, unser Leben zu formen. Nur wenn wir aus der Opferrolle aussteigen, können wir uns auch mit den Eltern oder mit anderen Menschen, die uns verletzt haben, aussöhnen.

Der dritte Schritt der Vergebung ist, die Verletzungen objektiv anzuschauen. Was ist da genau abgelaufen? Wie hat der andere mich verletzt? Warum hat es mich so verletzt? Ich versuche, das Geschehen zu verstehen. Dazu ist es gut, sich auch dafür zu interessieren, wie das Leben dessen, der mich verletzt hat, gerade lief: Wurde er selbst verletzt und hat daher seine Verletzung an mich weitergegeben? Oder war seine Kindheit so schwierig, weshalb er die Muster seiner Kindheit auf mich übertragen hat? War er überfordert, war er gerade in einer schwierigen Situation? Hat er sich von seinen Emotionen beherrschen lassen? Wenn ich so frage, entschuldige ich das verletzende Verhalten des anderen nicht. Aber ich versuche es zu verstehen. Nur wenn ich verstehe, was mir widerfahren ist, kann ich zu mir stehen und einen neuen Stand finden.

Der vierte Schritt ist dann die eigentliche Vergebung. Dieser Akt hat zwei Aspekte: Wenn ich ständig um die Verletzung kreise, entsteht in mir eine negative, oft depressive und manchmal auch aggressive und bittere Energie, die mir nicht guttut. Sie vergiftet mein Inneres. Daher ist die Vergebung ein Akt der Selbstreinigung und der Befreiung. Ich reinige mich von den getrübten Emotionen und von den negativen Energien, die durch die Verletzung in mir sind. Der zweite Aspekt der Befreiung: Ich befreie mich von der Macht dessen, der mich verletzt hat. Wenn ich nicht vergebe, bin ich immer noch innerlich an den Menschen gebunden, der mich verletzt hat. Ich kreise um ihn. Auch wenn ich allein bin, denke ich ständig an ihn. Ich gebe ihm zu viel Raum in meinem Herzen. Daher ist Vergebung eine Kraft, die mir hilft, mich von der Macht des anderen zu befreien, ihn gleichsam aus mir herauszuwerfen. Vergeben heißt aber nicht vergessen, sondern weggeben: Ich lasse das verletzende Verhalten beim anderen. Ich gebe ihm keine Macht mehr. Ich kreise nicht mehr darum. Ich lasse ihn los. Wenn ich mich von der Macht des anderen befreit habe, bedeutet das noch nicht, dass ich in diesem Moment eine normale Beziehung zu ihm aufbauen kann. Es kann durchaus sein, dass ich weiterhin Abstand zum anderen brauche, denn das Vertrauen in mir ist zerbrochen. Ich habe mich von ihm befreit, aber wie ich die Beziehung zu ihm gestalte, dazu muss ich mein eigenes Gefühl befragen, was für mich möglich ist. Manchmal entsteht dann eine neue Qualität von Beziehung, die auf Ehrlichkeit und Demut gründet. Manchmal ist es jedoch auch ehrlicher und besser, wenn man eine gesunde Distanz hält. Diese ist von Wohlwollen und innerer Freiheit geprägt und nicht von Bitterkeit.

Der fünfte Schritt der Vergebung ist, Wunden in Perlen zu verwandeln. Wenn ich nur die ersten vier Schritte der Vergebung gehe, habe ich noch immer das Gefühl, dass ich benachteiligt bin. Wenn ich jedoch von Gott meine Wunden in Perlen verwandeln lasse, kann ich ehrlich Ja sagen zu dem, was war: Es war schlimm und es hat wehgetan, verletzt zu werden. Aber das hat mich auch aufgebrochen, sodass ich innerlich nicht stehen geblieben bin. Ich habe mich auf den Weg gemacht. Ich lebe nicht mehr oberflächlich. Und ich habe gelernt, andere Menschen besser zu verstehen. Ich kann sie gut begleiten, weil ich selbst Erfahrungen mit meinen Wunden gemacht habe.

An meinen Wunden zerbrechen die Masken, die ich oft aufgesetzt habe, und die Rollen, die ich häufig spiele. Ich werde aufgebrochen für mein wahres Selbst und daher auch für das wahre Selbst des anderen. Ich gebe mich nicht mehr mit der Oberfläche zufrieden. Ich will echtes, wahres, wirkliches Leben. Die Wunden zeigen mir meine eigenen Fähigkeiten. Ich habe durch sie gelernt, Erfahrung gewonnen. Diese kann ich jetzt für meinen Weg und meine Aufgabe einsetzen.

Vergebung ist etwas, das ich allein vollziehen kann. Sie ist nicht davon abhängig, ob der andere seine Schuld oder seinen Fehler einsieht. Vergebung ist ein Geschehen in mir: Ich befreie mich von der Macht des anderen. Allerdings ist Vergebung auch ein Prozess. Wenn wir sehr tief verletzt worden sind, braucht es länger, bis wir wirklich fähig werden, diese Schritte der Vergebung zu gehen. Wir sollten uns dann in aller Demut eingestehen, dass wir noch nicht fähig sind, zu vergeben. Entscheidend ist aber der Wille zur Vergebung, auch wenn es längere Zeit dauert, bis sie Wirklichkeit werden kann.

Versöhnung

Vergebung ist sozusagen einseitig möglich. Versöhnung braucht dagegen immer zwei Menschen. Wir sprechen aber auch von Versöhnung, wenn ich mit mir selbst und mit meiner Lebensgeschichte ins Reine komme. Doch das hat ebenfalls immer zwei Pole: Ich und mein Leben. Ich und mein Leib. Ich und mein Charakter. Ich und meine Lebensgeschichte.

Das lateinische Wort für Versöhnung ist *reconciliatio*. Das meint: Wiederherstellung der Gemeinschaft, der Verbindung, der Beziehung. Das griechische Wort *katallage* wird oft im politischen Sinn gebraucht. Dann meint es die Wiederherstellung eines friedlichen Miteinanders nach einem Konflikt. Im persönlichen Bereich verwendet man es, wenn ein Paar, das sich zerstritten hat, wieder zu einem friedlichen Miteinander bereit und fähig ist.

Es geht bei der Versöhnung also um ein friedliches Miteinander zwischen mir und meiner Lebensgeschichte, zwischen mir und meinem Leib, zwischen mir und meiner Krankheit oder zwischen mir und meiner psychischen Veranlagung, meiner Empfindlichkeit und Verletzlichkeit. Und es geht um ein friedliches Miteinander mit anderen Menschen. Allerdings ist das immer auch vom Verhalten der anderen abhängig.

In der Therapie arbeiten die Psychologen darauf hin, dass sich ein Mensch mit sich und seiner Geschichte aussöhnt. Carl Gustav Jung sagte einmal: Wenn ich erwachsen bin, ist es nicht mehr so wichtig, zu fragen, wie die Kindheit war. Es ist meine Aufgabe, die Verantwortung für mein Leben zu übernehmen und mich mit meiner Geschichte auszusöhnen. Es ist meine Geschichte. Und daraus kann ich etwas machen, auch wenn ich viele Verletzungen erlebt habe. Es ist meine Aufgabe, mich mit diesen Verletzungen auszusöhnen. Dann wird mein Leben gelingen. Gerade für ältere Menschen ist es eine wichtige Aufgabe, sich mit ihrem Leben auszusöhnen. Nur dann kann man in Zukunft friedlich und gut leben und auch am Lebensende mit Freude und Dankbarkeit darauf zurückschauen. Man kann die Aussöhnung mit der eigenen Lebensgeschichte in einem Bild ausdrücken: Aus Holz kann ich eine schöne Figur schnitzen, aus Stein eine Figur hauen und aus Ton eine Gestalt formen. Ich muss nur materialgerecht arbeiten, das heißt ich kann den Stein nicht wie Ton oder Holz behandeln. Dann käme nichts dabei heraus. Unsere Lebensgeschichte ist gleichsam das Material, mit dem wir die Gestalt unserer einmaligen Person formen. Das gelingt nur, wenn wir unsere konkrete Lebensgeschichte mit all den Verletzungen als das Material verstehen, aus dem wir unsere Person gestalten.

In der Therapie geht es auch darum, die Beziehung zu anderen Menschen anzuschauen und sie so zu gestalten, dass man mit ihnen versöhnt leben kann. Das gilt einmal in Bezug auf die Eltern. Was verletzend an ihrem Verhalten war und ist, sollte man bei ihnen lassen, aber sie dafür ehren, dass sie einem Vater und Mutter sind. Das gilt auch für die Beziehungen zu anderen Menschen, die mich im Lauf meines Lebens verletzt haben. Ich kann mich von ihnen abgrenzen. Aber wenn ich innerlich im Streit und unversöhnt mit ihnen bin, dann beeinträchtigt das mein Leben. Daher ist es für unsere seelische Gesundheit wichtig, uns auch mit diesen Menschen zu versöhnen. Allerdings sollten wir uns nicht völlig abhängig von ihnen machen, das heißt: Wenn ein anderer sich nicht mit uns versöhnen will, dann lassen wir es bei ihm. Entscheidend ist, dass wir innerlich mit uns selbst versöhnt sind und bereit, dem anderen unsere Tür zu öffnen. Ob er durch diese Türe geht, ist seine Sache.

Wir erleben häufig, dass Geschwister lange Zeit unversöhnt sind, wenn sie mit der Regelung der Erbschaft nicht zufrieden sind. So treten nach dem Tod der Eltern oft heftige Konflikte auf. Manchmal bleiben Geschwister dann den Rest ihres Lebens zerstritten. Sie bekämpfen sich gegenseitig, nicht selten so lange vor Gericht, bis vom Erbe nichts mehr übrigbleibt. Dann bekommt zuletzt niemand etwas.

In der Therapie geht es darum, inneren Frieden zu finden, auch wenn die Geschwister nicht bereit sind, sich zu versöhnen. Manchmal ist es nur ein Bruder oder eine Schwester, die mit der Erbteilung nicht einverstanden sind. Die

anderen versuchen, mit ihm oder ihr Kontakt aufzuneh-
men und einen Kompromiss zu finden. Aber er oder sie
verweigert jedes Gespräch. Auf diese Weise bleibt die Familie unversöhnt. Der unversöhnte Geschwisterteil zerstört nicht nur das Erbe, sondern auch die Familie. Und
er übt Macht über die anderen aus. Denn er macht ihnen
ständig ein schlechtes Gewissen. Sein Fernbleiben bei Familienfeiern trübt die Stimmung der anderen Geschwister.
Dann ist es wichtig, dass die Familie dem unversöhnten
Geschwisterteil nicht die Macht einräumt, alle zu beeinträchtigen. Die Familie soll betrauern, dass eines der Kinder so ist. Und sie sollte immer die Hoffnung hegen, dass
es sich irgendwann wieder der Familie öffnet. Aber sie sollte die Stimmung bei Familienfeiern nicht von dem unversöhnten Geschwisterteil trüben lassen. Wenn jemand sich
selbst ausgeschlossen hat, so soll er auch bei der Feier ausgeschlossen bleiben.

In der Bibel lesen wir häufig von der Versöhnung mit anderen Menschen, aber auch mit sich selbst, mit den feindlichen Tendenzen in der eigenen Seele. In seinen Gleichnis-
sen spricht Jesus oft von der Versöhnung mit dem Gegner.
Das ist nicht nur ein Bild für die äußeren Gegner, die uns
bekämpfen, sondern wir können es auch als Bild für den
inneren Gegner verstehen. Solange wir noch auf dem Weg
sind, sollten wir Frieden schließen. Denn wenn wir das
versäumen, können wir vom Gegner überwältigt und be-
siegt werden. In diesem Sinn möchte ich nur zwei kurze
Gleichnisworte Jesu auslegen: »Schließ ohne Zögern Frie-

den mit deinem Gegner, solange du mit ihm noch auf dem Weg zum Gericht bist. Sonst wird dich dein Gegner vor den Richter bringen, und der Richter wird dich dem Gerichtsdiener übergeben, und du wirst ins Gefängnis geworfen. Amen, das sage ich dir, du kommst von dort nicht heraus, bis du den letzten Pfennig bezahlt hast« (Matthäus 5,25f).

Hier ist es gut, das Wort auf der inneren Ebene zu verstehen. Beim äußeren Gegner gibt es keinen Grund, dass wir immer die Schuld auf uns laden sollten. Aber beim inneren Gegner sind wir dafür verantwortlich, wenn wir uns nicht einigen können. Wir müssen uns mit unserem Schatten auseinandersetzen und uns mit dem inneren Feind, den wir ablehnen, versöhnen. Wenn wir uns mit dem Gegner in unserer Seele nicht einigen, dann wird er sich in uns zu einem Tyrannen entwickeln, der uns beherrschen möchte. Der innere Richter wird uns dann ständig verurteilen und uns ins Gefängnis unserer eigenen Selbstablehnung werfen. Das, was wir in uns ablehnen, wird für uns zum inneren Richter, der uns im Gefängnis unserer eigenen Angst und Enge festhalten wird. Dort müssen wir all das abzahlen, womit wir uns nicht versöhnen können. Das, was wir nicht annehmen wollen, wird uns verfolgen. Es wird sich immer wieder zu Wort melden und uns foltern. Das gilt so von der unterdrückten Angst, von der verdrängten Sexualität, von der heruntergeschluckten Wut. All das müssen wir abzahlen, oft in Form von psychischen Krankheiten oder neurotischen Symptomen. Carl Gustav Jung sagte einmal, die Neurose sei der Ersatz für das notwendige Leiden, das mit unserer Selbstwerdung verbunden ist. Wenn wir uns aussöhnen mit unseren Schwächen und Schattenseiten, ist das schmerzlich. Aber wenn wir diesem Schmerz aus dem Weg gehen wollen und den Gegner missachten, anstatt uns mit ihm auszusöhnen, dann geraten wir in das Gefängnis unserer neurotischen Muster. Zur Selbstwerdung ist es nötig, dass wir uns auf unserem Weg schon mit dem inneren Gegner einigen und nicht erst bis zum letzten Gericht im Tod warten. Die Versöhnung bewahrt uns vor dem inneren Gefängnis, in das wir oft genug geraten, weil wir so vieles in uns nicht annehmen und wahrhaben wollen. Heilung bedeutet immer auch Versöhnung. Nur wenn wir uns mit dem inneren Gegner versöhnen, wird er für uns zum Freund und Helfer auf dem Weg der Heilung.

Ähnlich können wir das kurze Gleichnis vom König, der uns mit zwanzigtausend Soldaten entgegen zieht, auslegen (Lukas 14,31f). Wenn wir mit unseren zehntausend Soldaten gegen die Übermacht des anderen Königs kämpfen, verbrauchen wir unsere ganze Energie in Grabenkämpfen. Aber wir werden innerlich nicht vorankommen. Wenn wir jedoch Frieden schließen mit dem anderen König, erweitern sich unsere Möglichkeiten. Wir haben dann statt zehntausend Soldaten dreißigtausend zur Verfügung. Wir haben mehr Kraft in uns. Für Carl Gustav Jung sind die Feinde der Seele unsere Schattenseiten. Wenn wir uns mit ihnen aussöhnen, bereichern sie unser Leben und stärken uns. Daher ist es hilfreich, aus unseren Feinden Freunde zu machen. Statt gegen unsere Angst, unsere Aggression, unsere Eifersucht, unsere Depression zu kämpfen, sollten wir uns mit diesen Emotionen anfreunden. Dann werden sie uns helfen, achtsamer und intensiver zu leben. Das soll nur am Beispiel der Angst aufgezeigt werden: Die Angst als unser Freund zeigt uns liebevoll, was unser Maß ist. Sie weist uns auf falsche Grundannahmen hin, zum Beispiel dass wir keinen Fehler machen dürfen, weil wir sonst abgelehnt werden. Die Angst möchte uns letztlich zu Gott führen. Denn sie zeigt oft, dass wir uns zu sehr vom Urteil und von der Anerkennung anderer Menschen abhängig machen. Sie lädt uns ein, uns von Gott her zu definieren und nicht von den Menschen und ihrer Anerkennung.

Der Apostel Paulus zeigt uns einen anderen Weg, wie wir uns mit unserer eigenen Lebensgeschichte aussöhnen können. Im 2. Korintherbrief schreibt er: »Wenn jemand in Christus ist, dann ist er eine neue Schöpfung: Das alte ist vergangen, Neues ist geworden« (2 Korinther 5,17). Das hat für mich zwei Bedeutungen. Zum einen: In mir ist nicht nur die Vergangenheit, sondern auch etwas Neues, etwas, das durch Jesus in mir gewachsen ist. Das gibt mir eine innere Freiheit der Vergangenheit gegenüber. Ich bin nicht festgelegt durch die sie. Zum anderen: Wenn ich mit neuen Augen auf meine Vergangenheit schaue, wenn ich sie mit den Augen Jesu betrachte, wird die Vergangenheit für mich neu. Sie belastet mich nicht. Die neue Sichtweise verwandelt meine Vergangenheit und aus ihr heraus kann Neues in mir entstehen.

Einen ähnlichen Weg zeigt uns das Johannesevangelium. Jesus fragt Petrus dreimal: »Liebst du mich?« Das dreimalige Fragen erinnert Petrus an seinen dreimaligen Verrat, den er im Hof des Hohenpriesters an Jesus begangen hat, als er nach dessen Festnahme behauptete, ihn nicht zu kennen. Er muss sich seinem Verrat, seinen Schwächen, seinen Fehlern stellen. Aber er soll mit Liebe darauf zurückschauen. Auf die dritte Nachfrage antwortet er: »Herr, du weißt alles, du weißt, dass ich dich liebhabe« (Johannes 21,17). Petrus hält Jesus seine ganze Vergangenheit hin. Er will vor ihm nichts verbergen. Aber bei all den Fehlern, die Petrus vor Jesus zugibt, darf er doch mit gutem Gewissen sagen: »Du weißt, dass ich dich liebe. Du weißt, dass hinter meinen Fehlern doch eine große Sehnsucht steckt, dich zu lieben. Und dass die Liebe bei all meinen Schwächen doch der eigentliche Grund meines Lebens ist.« Petrus spricht hier von *philein*. Das ist Griechisch und meint einmal die Freundesliebe, zum anderen auch die Liebe zwischen Partnern. Petrus erkennt also vor Jesus, dass in seiner Vergangenheit, die so von Fehlern geprägt war, doch die Liebe das Grundmotiv ist, das ihn durchträgt. Das ermöglicht es ihm, sich mit seiner Vergangenheit auszusöhnen und nicht in Selbstvorwürfen stecken zu bleiben.

Ein Wort Jesu aus der Bergpredigt macht manchen Bibellesern Angst: »Wenn du deine Opfergabe zum Altar bringst und dir dabei einfällt, dass dein Bruder etwas gegen dich hat, so lass deine Gabe vor dem Altar liegen; geh und versöhne dich zuerst mit deinem Bruder, dann komm und opfere deine Gabe« (Matthäus 5,23f). Jesus meint damit: Wenn wir beten, sollten wir immer auch überlegen, ob wir mit den Menschen versöhnt sind. Die Nähe Gottes im Gebet zu erfahren, bedeutet immer auch die Bereitschaft, sich mit den Menschen zu versöhnen, mit denen wir leben. Aber die Frage ist, wie wir uns verhalten sollen, wenn der andere nicht bereit ist, sich mit uns zu versöhnen. Wir können ihn nicht zwingen. Wenn er unversöhnt bleibt, dann können wir trotzdem unsere Gabe zum Altar bringen. Dazu müssen wir selbst jedoch innerlich versöhnt sein mit dem anderen. Wir können nicht beten, wenn wir rachsüchtig sind. Interessant ist, wie Evagrius Ponticus, einer der berühmtesten Wüstenväter, dieses Wort Jesu deutet. Er schreibt: »»Lass deine Gabe vor dem Altar, gehe und versöhne dich erst mit deinem Bruder‹, rät uns unser Herr – dann wirst du ungestört beten können. Groll nämlich trübt den Geist des Menschen, der betet, und wirft einen Schatten über sein Gebet« (Evagrius, Über das Gebet, Nr. 21). Evagrius betrachtet das Ganze also psychologisch. Er meint, wir könnten nicht beten, wenn wir noch Groll gegen einen Bruder hegen. Und so können wir das Wort Jesu auch verstehen: Wenn wir Gott unsere Gabe opfern, während wir innerlich noch unversöhnt mit einem Bruder sind, ist auch unsere Beziehung zu Gott gestört. Es ist also unsere Aufgabe, uns innerlich zu versöhnen. Ob der Bruder die Versöhnung annimmt oder nicht, bleibt in seiner Verantwortung. Davon dürfen wir unser Gebet und unsere Versöhnungsbereitschaft nicht abhängig machen. Entscheidend ist, dass unser Geist mit dem anderen versöhnt ist.

Es geht also bei der Versöhnung um einen Vorgang in unseren eigenen Herzen. Aber wie kann die Versöhnung mit einem anderen gelingen? Hier kann uns das Wort Jesu von der Feindesliebe helfen: »Liebt eure Feinde und betet für die, die euch verfolgen, damit ihr Söhne eures Vaters im Himmel werdet; denn er lässt seine Sonne aufgehen über Bösen und guten, und er lässt regnen über Gerechte und Ungerechte« (Matthäus 5,44f). Feindschaft entsteht oft durch Projektion: Der andere projiziert das, was er bei sich nicht annehmen kann, auf mich und bekämpft es in mir. Feindesliebe heißt nicht, dass ich den Kopf einziehe und mir alles gefallen lasse. Vielmehr meint es: Ich soll wie Gott die Sonne meiner Liebe auch über dem Feind scheinen lassen. Ich soll dem anderen zutrauen, dass hinter seiner feindseligen Fassade ein guter Kern steckt. Wenn ich die Sonne meines Wohlwollens über diesen guten Kern scheinen lasse, dann kann gleichsam die Knospe des Guten aufbrechen und aufblühen. Den Feind zu lieben heißt zuerst einmal, ihn nicht mit feindseligen Augen anzuschauen, sondern mit Augen, die an den guten Kern in ihm glauben. Dann kann ich diesen in ihm zum Leben wecken und das Feindselige an ihm verliert sich. Ähnliches steckt im Bild des Regens: Wenn Gott es über die Wüste regnen lässt, dann blüht sie auf, obwohl vorher alles nur verdorrt und vertrocknet war. So ähnlich sollte ich dem anderen zutrauen, dass in der Wüste seiner chaotischen

Zerrissenheit auch ein Same verborgen ist, der durch den Regen meiner Zuwendung aufbrechen und aufblühen kann.

Die Bedingung für die Versöhnung ist, dass ich dem anderen zutraue, dass in ihm auch eine Sehnsucht steckt, versöhnt zu leben, sich mit mir zu versöhnen. Wenn ich ihm aber jede Versöhnungsbereitschaft abspreche, so ist auch Versöhnung nicht möglich. Dieses Zutrauen bedeutet, dass ich meine eigene Fixierung auf das Negative im anderen aufgebe. Es meint aber nicht, dass ich mich selbst aufgebe, dass ich meine eigenen Gefühle vergewaltige, nur damit der andere bereit ist, sich mit mir zu versöhnen. Versöhnung heißt, einen friedvollen Zustand wiederherstellen. Es muss also auch in mir Frieden sein. Wenn ich nur nachgebe oder mich gar aufgebe, damit der andere sich mit mir versöhnt, dann wird es mir damit nicht gutgehen. In mir werden dann doch bittere Gefühle auftauchen.

Vergebung und Versöhnung sind nicht nur für uns Christen eine ständige Herausforderung, sondern für alle Menschen die Bedingung für ein gelingendes Miteinander. Auf diesem Weg werden wir immer wieder erfahren, dass es uns schwerfällt, an die Vergebung unserer Schuld durch Gott zu glauben, anderen zu vergeben, wenn sie uns verletzt haben, und uns selbst zu vergeben, wenn wir enttäuscht sind über uns und unser Fehlverhalten. Entscheidend ist, dass wir uns auf den Weg der Vergebung machen. Jesus haucht den Jüngern am Abend des Ostertages seinen Geist ein. Es ist der Geist der Vergebung: »Empfangt den Heiligen Geist! Wem ihr die Sünden vergebt, dem sind sie vergeben« Johannes 20,22f). Das ist für uns ein Trost. Wenn wir uns unfähig fühlen, anderen zu vergeben, sollten wir uns daran erinnern, dass uns Jesus seinen Geist der Vergebung eingehaucht hat und immer wieder einhaucht. Weil wir seinen Geist in uns haben, werden wir fähig zu vergeben, gelingt unser Miteinander.

Auch die Versöhnung ist ein Weg. Wir denken manchmal vielleicht: Jetzt bin ich mit mir und meinem Leben und den Menschen in meinem Umfeld im Reinen. Ich habe keine Feindschaften offen. Doch dann erleben wir etwas, das uns aufrüttelt. Wir reagieren empfindlich auf ein Wort eines Freundes oder eines Kollegen. Diese Reaktion zeigt, dass wir doch nicht ganz versöhnt sind mit uns selbst. Da ist noch etwas, das wir in uns nicht annehmen können. Je älter wir werden, desto wichtiger ist die Versöhnung mit uns selbst, mit der eigenen Lebensgeschichte, aber auch die Versöhnung mit dem Nachlassen unserer Kräfte und unserer Bedeutung für andere Menschen. In jeder Lebenssituation stehen wir vor der Aufgabe, uns mit uns zu versöhnen. Wenn wir spüren, dass wir uns über bestimmte Menschen immer noch aufregen und dass sie unseren inneren Frieden stören, dann sind wir herausgefordert, uns mit ihnen zu versöhnen.

Wenn uns Vergebung und Versöhnung gelingen, dürfen wir darauf vertrauen, dass wir vom Geist Jesu durchdrungen sind. Dann sind wir wirklich Christen – Menschen, die Christus nachfolgen und aus seinem Geist heraus ähnlich verhalten wie er. Wir verurteilen andere nicht, sondern sind mit ihnen versöhnt, weil wir uns mit uns selbst immer wieder versöhnen, weil wir uns selbst und den anderen immer wieder vergeben.

Selbstwertgefühl

Ein gesundes Selbstwertgefühl hilft uns, uns vom Mechanismus der Schuldgefühle, der Minderwertigkeit und der Projektion zu befreien. Wenn wir noch von den Mechanismen geprägt sind, entwickeln wir ein falsches Selbstwertgefühl. Wer bei anderen Schuldgefühle auslöst, der spielt seine Macht über den anderen aus. Dies ist die subtilste Form von Machtausübung. Keiner kann sich dagegen wehren, weil keiner die Gewissheit hat, ganz ohne Schuld zu sein. Diese Form der Machtausübung ist gerade in christlichen Kreisen beliebt.

Ein falsches Selbstwertgefühl entsteht auch, wenn wir andere kleinmachen, um an unsere eigene Größe glauben zu können. Wer jedoch ein gesundes Selbstwertgefühl hat, der steht zu sich selbst und in seiner eigenen Mitte. Dann werden die Versuche des anderen, ihn kleinzumachen, an ihm abprallen. Auch die Projektion ist ein Mechanismus, der ein ungesundes Selbstwertgefühl schafft. Wenn ich meine Schattenseiten auf den anderen projiziere, stelle ich mich über ihn. Ich sehe mich dann als den frommen, reifen und weisen Menschen. Die anderen sind voller Fehler und Schwächen. Ich sonne mich in meiner Korrektheit und merke nicht, dass ich auf Kosten der anderen lebe, auf die ich meine dunklen Seiten projiziere.

Die Frage ist, wie wir ein gesundes Selbstwertgefühl entwickeln können. Wir wissen, dass die Kindheit eine wichtige Quelle für unser Selbstwertgefühl ist. Wenn die Eltern uns so akzeptieren, wie wir sind, wenn sie uns wertschätzen, uns etwas zutrauen und auch immer wieder einmal loben, kann sich ein gutes Selbstwertgefühl entwickeln. Wenn allerdings die Eltern das Kind stets loben und alles an ihm bewundern, entsteht ein illusionäres Selbstbild, das mit der Realität nichts zu tun hat.

Manche Menschen versuchen, ihren Selbstwert durch Leistung zu erwerben. Doch dann sind sie abhängig von ihrer Leistung. Sie entwickeln ein starkes Selbstbewusstsein, doch Selbstbewusstsein ohne Selbstwertgefühl führt zur Arroganz und ist oft Ausdruck von Narzissmus. Der narzisstische Mensch tritt selbstbewusst auf, aber er kreist dabei nur um sich selbst. Dann wird seine Leistung, die er nach außen hin zeigt, nicht zum Segen für die anderen. Er dient ihnen nicht, sondern nur dem eigenen Ego. Wir begegnen immer wieder narzisstischen Menschen. Am Anfang beeindrucken sie uns vielleicht durch ihr Selbstbewusstsein. Doch mit der Zeit erkennen wir, dass sie damit nur ihren Mangel an echtem Selbstwert überspielen.

Die Versöhnung mit uns selbst kann auch hier eine Hilfe sein. Aber ebenso die biblische Aussage, dass Gott uns nach seinem Bild und Gleichnis geschaffen hat (vgl. Genesis 1,26), kann uns helfen, unsere eigene Würde zu erkennen. Das macht unseren Selbstwert aus, dass wir ein Bild Gottes sind. Der Theologe des Mittelalters, Thomas von Aquin, sagt, dass Gott sich von jedem Menschen ein einmaliges Bild macht. Unsere Aufgabe besteht darin, dieses einmalige Bild in unserem Leben sichtbar werden zu lassen. Wenn wir diese Aussage in uns eindringen lassen, müssen wir uns nicht mehr mit anderen vergleichen. Das Vergleichen schwächt unseren Selbstwert. Stattdessen nehmen wir uns in unserer Einmaligkeit an. Und wir versuchen, immer mehr zu entdecken, was dieses einmalige Bild Gottes in uns ist. Wir werden es nicht beschreiben können, doch wenn wir still werden und das Gefühl haben, dass wir stimmig sind, im Einklang mit uns selbst, dann dürfen wir darauf vertrauen, dass wir diesem einmaligen Bild Gottes nahegekommen sind. Dann fühlen wir uns frei. Wir müssen nach außen hin nicht mehr betont selbstbewusst auftreten. Unser Selbstwertgefühl ist verinnerlicht und daher nicht abhängig von der eigenen Leistung oder von der Anerkennung durch andere.

Carl Gustav Jung zeigt noch einen weiteren Weg zu einem guten Selbstwertgefühl. Er unterscheidet zwischen *Ego* und *Selbst*. Das *Ego* will imponieren, sich selbst darstellen, nach außen sicher auftreten. Doch es braucht dazu die Bühne, ist abhängig von Anerkennung und Erfolg. Das Ziel der menschlichen Selbstwerdung ist aber, vom Ego zum Selbst zu gelangen.

Das *Selbst* definiert Jung als »die psychische Ganzheit des Menschen«. Das Selbst ist die Mitte des Menschen. In ihm kommen Bewusstes und Unbewusstes zusammen. Zum Selbst gehört auch das Gottesbild. Gemeint ist, was die Mystik mit dem Bild beschreibt, dass Gott in uns wohnt. Jung kann den Weg zum Selbst auch in einer religiösen und christlichen Sprache ausdrücken: »Sie kamen zu sich selbst, sie konnten sich selbst annehmen, sie waren imstande, sich mit sich selbst zu versöhnen, und dadurch wurden sie auch mit widrigen Umständen und Ereignissen ausgesöhnt. Das ist fast das Gleiche, was man früher mit den Worten ausdrückte: Er hat seinen Frieden mit Gott gemacht, er hat seinen eigenen Willen zum Opfer gebracht, indem er sich dem Willen Gottes unterwarf« (Jung, Psychologie und Religion, 147).

Wer mit seinem Selbst in Berührung ist, der spürt eine innere Ruhe. Selbst wenn er vielleicht unsicher oder schüchtern ist, so mindert das nicht sein Selbstwertgefühl, denn er macht es nicht abhängig von seinem äußeren Auftreten oder von der Anerkennung der anderen. Er ruht in sich selbst. Das gute Selbstwertgefühl weiß um den inneren göttlichen Wert. Es bricht nicht zusammen, wenn andere mich kritisieren. Denn ich weiß, dass ich auch Fehler machen darf, dass ich nicht perfekt bin. Aber ich bin ganz ich selbst.

Aus diesem Selbst heraus werden dann die Beziehungen zu anderen Menschen gelingen. Ich kann ihnen offen und ehrlich begegnen, bin frei von dem Druck, mich beweisen oder darstellen zu müssen. Ich habe auch keine Angst, mich durch ein Missgeschick zu blamieren, denn ich weiß, dass das meinen wahren Wert nicht berührt. Ich bin einfach da, ich bin ich selbst und so kann ich den anderen sein lassen, wie er ist. Ich sehe auch in ihm seine unantastbare Würde. Ich freue mich über den Wert des anderen, ohne Neid und ohne, dass ich mich mit ihm vergleiche.

Schlussgedanken

Wir haben sechs verschiedene Mechanismen oder Muster angeschaut, die unser Miteinander beeinträchtigen und uns daran hindern, im Einklang mit uns selbst zu leben. Jeder kennt diese Art von Mechanismen. Sie sind uns nicht neu. Wir haben alle schon davon gehört. Aber oft genug haben wir unklare Vorstellungen davon und wissen nicht, wie wir angemessen damit umgehen können. Wir hoffen, dass unsere Darlegungen den Lesern und Leserinnen helfen, die Leben behindernden Mechanismen zunächst einmal zu erkennen und zu durchschauen.

Wenn man sie erkannt und verstanden hat, kann man passende Wege entwickeln, sich von ihrer Macht zu befreien. Dabei helfen psychologische Einsichten und die Weisheit der biblischen Geschichten. Wir haben gesehen, dass die biblischen Geschichten uns dazu oft ähnliche Strategien anbieten wie die Psychologie.

Es ging uns nicht darum, einen Gegensatz zwischen Psychologie und Spiritualität aufzubauen, aber auch nicht darum, die Unterschiede einzuebnen. Die Psychologie muss offen sein für die Spiritualität. Und die Spiritualität muss die Erkenntnisse der Psychologie ernst nehmen. Dann werden die spirituellen Wege immer auch therapeutische, heilende Wege sein.

Wir haben versucht, die Mechanismen durch konkrete Beispiele zu erklären als auch die spirituellen Wege möglichst so zu beschreiben, dass die Leser sie in ihrem eigenen Leben umsetzen können. Zwei Haltungen erscheinen uns dabei wichtig. Die eine ist die der Demut, wir uns also eingestehen, dass diese Mechanismen auch in uns aktiv sind. Auch wir haben Schuldgefühle und lassen uns von ihnen beeinflussen. Auch wir projizieren Aspekte, die wir an uns selbst nicht angenommen haben, auf andere. Auch wir kennen Minderwertigkeitskomplexe. Und jeder von uns hat mit dem Thema Abgrenzung zu kämpfen. Das gelingt uns manchmal mehr und dann wieder weniger. Auch wir kennen die passive Aggression, entweder in uns selbst oder weil wir schon Menschen begegnet sind, die uns aggressiv machen, obwohl sie nach außen hin freundlich sind. Wir alle sind in unserem Leben verletzt worden, auch wenn wir insgesamt das Gefühl haben, eine schöne Kindheit gehabt zu haben und dafür dankbar sind. Wir alle haben andere gekränkt und so die eigenen Kränkungen weitergegeben. Es gibt kein Leben ohne Verletzungen. Aber unser Leben wird nicht gelingen, wenn wir diese nicht anschauen, uns damit aussöhnen und denen vergeben, die uns verletzt haben. Nur wenn wir ausgesöhnt sind mit unserer Vergangenheit, können wir frei und voller Vertrauen in die Zukunft gehen. Dann werden wir nicht ständig auf die Vergangenheit zurückschauen und die alten Wunden wieder aufreißen. Wir werden unsere Vergangenheit nicht immer wiederholen. Wer seine Vergangenheit in sein Leben integriert, der wird sie nicht wie eine Last mit sich herumschleppen. Er kann sie loslassen und sich ganz auf den Augenblick einlassen. Wer ausgesöhnt ist mit sich selbst, der findet zu seinem wahren Selbst, in seine eigene Mitte, in der er nicht allein ist mit seiner Lebensgeschichte, in der vielmehr Gott in ihm wohnt und ihn in Berührung bringt mit seiner unantastbaren Würde. Wenn er sich dieser Würde bewusst ist, ist er auch fähig zu guten Beziehungen, dann wird er sich an der Würde anderer Menschen freuen und kann die Begegnung mit anderen genießen.

So wünschen wir den Lesern und Leserinnen, dass sie den Mut haben, die lebensbehindernden Mechanismen in ihrem eigenen Leben zu erkennen und zu akzeptieren. Die geistliche Tradition bietet uns gute Wege an, uns von diesen Mechanismen zu befreien, damit unser Leben gelingt und ein gutes Miteinander möglich ist. Die christlichen Ideale von Gemeinschaft und von Frieden und Versöhnung können nur verwirklicht werden, wenn wir uns zuvor den Mechanismen gestellt haben, die die Gemeinschaft bedrohen und behindern.

So wünschen wir allen Lesern und Leserinnen den Engel der Hoffnung, dass die lebensbehindernden Mechanismen in uns und in unseren christlichen Gemeinden immer mehr entmachtet werden und wir so gute Beziehungen schaffen und fruchtbare Begegnung erleben können. Und wir wünschen Ihnen, dass Sie durch Vergebung und Versöhnung ein Selbstwertgefühl erlangen, das Sie befähigt, den Menschen frei, offen und dankbar zu begegnen.

Literatur

Apophthegmata Patrum, Weisung der Väter, übersetzt von Bonifaz Miller (Sophia, Band 6), Trier, 8. Auflage 2009.

Albert Görres, *Das Böse. Wege zu seiner Bewältigung*, Freiburg im Breisgau 1984.

Anselm Grün, *Vergib dir selbst* (Münsterschwarzacher Kleinschriften, Band 120), Münsterschwarzach, 9. Auflage 2015.

Carl Gustav Jung, *Nach der Katastrophe*, Neue Schweizer Rundschau, Neue Folge XII/2, Zürich 1945 (auch in *Gesammelte Werke*, Band 10, Zürich 1974).

Carl Gustav Jung, *Psychologie und Religion*, Zürich 1947.

Carl Gustav Jung, *Gesammelte Werke*, Band 7, Zürich 1964.

Carl Gustav Jung, *Gesammelte Werke*, Band 8, Zürich 1967.

Carl Gustav Jung, *Gesammelte Werke*, Band 12, Zürich 1968.

Evagrius Ponticus, *Über das Gebet. Tractatus de oratione* (Quellen der Spiritualität, Band 4), Münsterschwarzach, 2. Auflage 2017.

Josef Rattner, *Individualpsychologie. Eine Einführung in die tiefenpsychologische Lehre von Alfred Adler*, München 1986.

Linda Siegmund, *Passive Aggressive: Living With Passive Aggressive Behavior. An Easy to Follow Step-by-Step Guide to Help You Cope With Hidden Aggression*, 2015.

Stefanie Stahl, *Das Kind in dir muss Heimat finden. Der Schlüssel zur Lösung (fast) aller Probleme*, München 2015.